KARIN JACOB

Grenzen des Arbeitskampfrechts im Staatsnotstand

Schriften zum Öffentlichen Recht

Band 490

Grenzen des Arbeitskampfrechts im Staatsnotstand

Von

Dr. Karin Jacob

DUNCKER & HUMBLOT / BERLIN

CIP-Kurztitelaufnahme der Deutschen Bibliothek

Jacob, Karin:
Grenzen des Arbeitskampfrechts im Staatsnotstand /
von Karin Jacob. — Berlin: Duncker und Humblot,
1985.
(Schriften zum Öffentlichen Recht; Bd. 490)
ISBN 3-428-05859-3
NE: GT

D 16

Gedruckt 1985 bei Buchdruckerei A. Sayffaerth - E. L. Krohn, Berlin 61
Printed in Germany

ISBN 3-428-05859-3

Vorwort

Die vorliegende Arbeit wurde im WS 1984/85 von der juristischen Fakultät der Universität Heidelberg als Dissertation angenommen. Sie befaßt sich mit der Frage, ob Arbeitnehmer- oder Arbeitgebervereinigungen im inneren oder äußeren Notstand unter Berufung auf die Arbeitskampfschutzklausel des Art. 9 Abs. 3 Satz 3 GG die ihnen darin gewährten Rechte uneingeschränkt in Anspruch nehmen können. Diese Problematik wurde zwar bisher in einigen Veröffentlichungen angesprochen und die Frage im Ergebnis auch weitgehend bejaht. Ob dieses Ergebnis von der Verfassung her gestützt ist, wurde bisher allerdings nicht eingehend untersucht. Der Darstellung liegt daher die Frage zugrunde, ob und in welchem Ausmaß die Verfassung ihrerseits Begrenzungsmöglichkeiten bereit hält, um eine die Allgemeinheit gefährdende Ausübung der in Art. 9 Abs. 3 Satz 3 GG gewährten Rechte zu verhindern.

An dieser Stelle sei allen sehr herzlich gedankt, die mir mit Rat und Tat zu Seite gestanden und dadurch zum Gelingen dieser Arbeit beigetragen haben. Insbesondere gilt mein Dank Herrn Professor Dr. Karl Doehring für seine wertvollen Anregungen und die vielfältige Unterstützung.

Mannheim, April 1985

Karin Jacob

Inhalt

1. Teil

Normanalyse des Art. 9 Abs. 3 Satz 3 GG

I. Einführung 13

A. Gegenstand und Zielsetzung der Untersuchung 13

B. Gang der Untersuchung 14

II. Historischer Hintergrund 15

III. Ziel der Notstandsverfassung und rechtspolitische Ausgangslage bei ihrer Planung 17

IV. Interpretation der einzelnen Merkmale der Norm 18

A. Arbeitskampf 19

1. Inhaltliche Bestimmung des Begriffs 19
2. Gebräuchlichste Formen des Arbeitskampfes 21
3. Grenzen des Begriffs „Arbeitskampf" 22

B. Vereinigungen i. S. d. Art. 9 Abs. 3 Satz 1 GG 22

1. Inhaltliche Bestimmung des Begriffs 22
2. Der „wilde" Streik 23
3. Die „wilde" Aussperrung 24

C. Wahrung und Förderung von Arbeits- und Wirtschaftsbedingungen 25

1. Begriffsbestimmung der „Arbeits- und Wirtschaftsbedingungen" 25
2. Der „politische" Arbeitskampf 26
3. Andere Formen von Arbeitskämpfen 29
   a) Demonstrationsstreik 29
   b) Sympathiestreik 29
   c) Abwehrkampf 30
   d) Nachträglicher Entzug der Regelungsbefugnis 30
   e) Ruinöser Arbeitskampf 31

4. Problem des „Umschlagens“ vom arbeitsrechtlichen in den politischen Arbeitskampf 31

5. Schützt Art. 9 Abs. 3 Satz 3 GG nur rechtmäßige oder auch rechtswidrige Arbeitskämpfe? 36

6. Zielgerichtetheit von Notstandssondervollmachten 38

D. Die in Art. 9 Abs. 3 Satz 3 GG aufgezählten Notstandsmaßnahmen 39

1. Art. 12 a GG 39

2. Art. 35 Abs. 2 und Abs. 3 GG 39

3. Art. 87 a Abs. 4 GG 40

4. Art. 91 GG 40

2. Teil

Beschränkungsmöglichkeiten des Art. 9 Abs. 3 Satz 3 GG

I. Rechtsnatur der Grundrechtsnorm 42

II. Grundrechtseinschränkung durch Verfassungsinterpretation 47

III. Verfassungsrechtliche Beschränkungsmöglichkeiten 51

A. Erforderlichkeit der Beschränkung vorbehaltlos und schrankenlos gewährleisteter Grundrechte im allgemeinen 51

B. Beschränkungsbedürfnis des Art. 9 Abs. 3 Satz 3 GG im besonderen 55

C. Dem Art. 9 GG immanente Einschränkungen 57

1. Einschränkung aus Art. 9 Abs. 3 Satz 3 GG 57

2. Einschränkung durch Art. 9 Abs. 2 GG 58

D. Allgemeine verfassungsrechtliche Einschränkungen — „Immanente Grundrechtsschranken“ 60

1. Die Schrankentrias des Art. 2 Abs. 1 GG als immanente Grundrechtsschranke 64

a) Anwendbarkeit der Schrankentrias des Art. 2 Abs. 1 GG auch auf andere Grundrechte 64

b) Theorie der unmittelbaren Geltung der Schrankentrias 64

aa) Art. 2 Abs. 1 GG als „allgemeiner Freiheitsleitsatz“, als „objektive Verfassungsnorm“ 64

bb) Art. 2 Abs. 1 GG als subjektiv öffentliches Recht 65

cc) Die Auffassung der Rechtsprechung 67

dd) Kritik an den unter aa), bb) und cc) dargestellten Interpretationen 67

c) Theorie der mittelbaren Geltung der Schrankentrias 70

aa) Die Doppelbedeutung des Art. 2 Abs. 1 GG nach *Dürig* 70

bb) Inhaltliche Bestimmung der Nichtstörungsschranken .. 72

(1) „Rechte anderer" 72

(2) „Sittengesetz" 72

(3) „Verfassungsmäßige Ordnung" 73

cc) Kritik an der Theorie der Schrankentrias des Art. 2 Abs. 1 als mittelbarer Verfassungsvorbehalt 74

2. Einschränkung durch den kommunikationsrechtlichen Schrankenvorbehalt der „allgemeinen Gesetze" analog zu Art. 5 Abs. 2 GG 79

a) Anwendbarkeit der Schranke der „allgemeinen Gesetze" als verfassungsunmittelbare Schranke aller Kommunikationsgrundrechte 79

b) Begriffsbestimmung der „allgemeinen Gesetze" 82

c) Die Bedeutung der Schranke der „allgemeinen Gesetze" des Art. 5 Abs. 2 GG für die Arbeitskampfschutzklausel 88

3. Die Lehre vom Grundrechtsmißbrauch als allgemeine Immanenztheorie 90

a) Darstellung der Lehre vom Grundrechtsmißbrauch 90

b) Verzichtbarkeit der Lehre vom Grundrechtsmißbrauch und Kritik 92

4. Die Methode *Friedrich Müllers* zur Bestimmung immanenter Grundrechtsschranken aus ihrem Normbereich 94

a) *Müllers* Kritik an den herkömmlichen Immanenztheorien . 95

b) Die Schrankenkonzeption *Müllers* 95

c) Kritik an der Konzeption 97

5. Immanenzklauseln in der Rechtsprechung 98

a) Die „Gemeinschaftsklausel" des BVerwG 98

aa) Ihre inhaltliche Bestimmung 98

bb) Kritik an der Gemeinschaftsklausel und daraus resultierende Modifikationen 99

cc) Neuere Entwicklung in der Rechtsprechung des BVerwG 100

b) Die Immanenztheorie des BVerfG 101

aa) Inhaltliche Bestimung der Schrankenformel des BVerfG 102

bb) Kritik an der Schrankenformel des BVerfG 104

cc) Anwendung der Immanenzformel des BVerfG auf Art. 9 Abs. 3 Satz 3 GG 105

IV. Zusammenfassung 107

3. Teil

Umfang der Beschränkungsmöglichkeiten des Art. 9 Abs. 3 Satz 3 GG

I. Schutz durch Art. 19 Abs. 2 GG 108

A. Anwendbarkeit des Art. 19 Abs. 2 GG auf vorbehaltlose Grundrechte 109

B. Inhaltliche Aussage der Wesensgehaltsgarantie 110

1. Absolute Wesensgehaltstheorie 111

2. Relative Wesensgehaltstheorie 112

3. Stellungnahme 112

C. Der Wesensgehalt des Art. 9 Abs. 3 Satz 3 GG 113

II. Beachtung des Übermaßverbotes 118

A. Allgemeines zum Übermaßverbot und seiner Zielsetzung 119

B. Steht der Lösungsvorschlag des zeitlich begrenzten Ausschlusses von Streik und Aussperrung im Notstand mit den Teilgrundsätzen des Übermaßverbotes in Einklang? 120

1. Verfassungslegitimer Zweck 120

2. Geeignetheit 121

3. Erforderlichkeit 122

4. Verhältnismäßigkeit 124

Zusammenfassung 127

Schrifttum 129

Abkürzungsverzeichnis

a. A.	=	andere Ansicht
Abs.	=	Absatz
a. E.	=	am Ende
Anm.	=	Anmerkung
AöR	=	Archiv für öffentliches Recht
AP	=	Arbeitsrechtliche Praxis
AR-Blattei	=	Arbeitsrecht-Blattei, Handbuch für die Praxis
Art.	=	Artikel
AuR	=	Arbeit und Recht
BAG	=	Bundesarbeitsgericht
BAGE	=	Bundesarbeitsgerichtsentscheidung
BayVBl.	=	Bayerische Verwaltungsblätter
Bd.	=	Band
BGB	=	Bürgerliches Gesetzbuch
BGBl.	=	Bundesgesetzblatt
BGHST	=	Entscheidungen des Bundesgerichtshofs in Strafsachen
BGHZ	=	Entscheidungen des Bundesgerichtshofs in Zivilsachen
Bl.	=	Blatt
BT-Drucksache	=	Bundestagsdrucksache
BVerfGE	=	Entscheidungen des Bundesverfassungsgerichts
BVerwGE	=	Entscheidungen des Bundesverwaltungsgerichts
bzw.	=	beziehungsweise
DB	=	Der Betrieb
Ders.	=	Derselbe
d. h.	=	das heißt
Diss.	=	Dissertation
DÖV	=	Die öffentliche Verwaltung
DVBl.	=	Deutsches Verwaltungsblatt
Einf.	=	Einführung
EuRGZ	=	Europäische Gerichtshofzeitung
f.	=	folgende Seite
ff.	=	folgende Seiten
FN	=	Fußnote
gem.	=	gemäß
GG	=	Grundgesetz
HB	=	Halbband
h. M.	=	herrschende Meinung
HS	=	Halbsatz
i. d. S.	=	in dem Sinne
JUS	=	Juristische Schulung

JZ	=	Juristenzeitung
LAG	=	Landesarbeitsgericht
LS	=	Leitsatz
MDR	=	Monatszeitschrift Deutsches Recht
m. w. N.	=	mit weiteren Nachweisen
NJW	=	Neue Juristische Wochenschrift
RdA	=	Recht der Arbeit
Rdnr.	=	Randnummer
RGZ	=	Entscheidungen des Reichsgerichts in Zivilsachen
Rspr.	=	Rechtsprechung
S.	=	Satz/Seite
SAE	=	Sammlung arbeitsrechtlicher Entscheidungen
sog.	=	sogenannt
u. a.	=	und andere
vgl.	=	vergleiche
Vorbem.	=	Vorbemerkung
VVDSTRl	=	Veröffentlichungen der Vereinigungen der Deutschen Staatsrechtslehrer
WRV	=	Weimarer Reichsverfassung
Ziff.	=	Ziffer
zit.	=	zitiert
zust.	=	zustimmend

1. TEIL

Normanalyse des Art. 9 Abs. 3 Satz 3 GG

I. Einführung

A. Gegenstand und Zielsetzung der Untersuchung

Gegenstand der Untersuchung ist der durch das 17. Gesetz zur Ergänzung des Grundgesetzes vom 24. Juni 1968[1] eingefügte Satz 3 des Art. 9 Abs. 3 GG, wonach „Maßnahmen nach den Artikeln 12 a, 35 Abs. 2 und 3, 87 a Abs. 4 und 91 GG sich nicht gegen Arbeitskämpfe richten dürfen, die zur Wahrung und Förderung der Arbeits- und Wirtschaftsbedingungen von Vereinigungen im Sinne des Satzes 1 geführt werden".

Dieser Verfassungssatz ist, wie ein erster Blick zeigt, angefüllt mit Begriffen, die einer genauen Definition bedürfen, um den Schutzumfang der Norm präzisieren zu können.

In der Literatur wurde bisher mehrfach die Meinung geäußert, daß Art. 9 Abs. 3 Satz 3 GG dann nicht uneingeschränkt gelten könne, wenn dadurch der Staat in eine seine Existenz bedrohende Lage gebracht würde. *Doehring*[2] etwa hält diese Norm für eine „äußerst bedenkliche Vorschrift, die mit der selbstverständlichen Pflicht des Staates zu seiner Existenz- und Selbsterhaltung in unvereinbarem Gegensatz steht". Ein Staat gebe sich selbst auf, wenn er in der Staatskrise den arbeitsrechtlichen Streik für uneinschränkbar erkläre. Auch wenn Art. 9 Abs. 3 Satz 3 GG nur traditionelle Arbeitskämpfe schützen wolle, so könne eine solche Liberalität in der Staatskrise vernichtend wirken. Durch einen Streik im Staatsnotstand würde zwangsläufig die Handlungsfähigkeit der zuständigen Verfassungsorgane beeinträchtigt, was bis hin zur Entmachtung der politisch verantwortlichen Staatsführung gehen könne[3]. *Doehring* zieht daher die Grenze dieses im Staatsnotstand garantierten Rechtes an der Gefährdung der Staatsexistenz, sieht jedoch auch hier sogleich die Gefahr, die das damit verbundene Zurückgreifen auf ungeschriebene Rechtssätze in sich birgt.

---

[1] BGBl. I, S. 709.

[2] Doehring, S. 275/276.

[3] Doehring, S. 330.

Auch *Benda*[4] hat bereits vor Inkrafttreten des Art. 9 Abs. 3 Satz 3 GG die Grenzen der Arbeitskampffreiheit dahingehend interpretiert, daß er eine Einschränkung insoweit für zulässig erachtet hat, als überwiegende Interessen des Gemeinwohls dies erfordern.

Ebenso warnt auch *Scholz*[5] vor dem Irrtum, die Arbeitskampffreiheit sei vor allen weiteren Beeinträchtigungen im Notstandsfall geschützt. Er stellt auch für diesen Fall die dem Gesetzgeber im Normalzustand gegebenen Einschränkungsbefugnisse zur Verfügung.

Anhand dieser drei beispielhaft dargelegten Auffassungen, hinsichtlich deren Richtigkeit man sich mit Ausnahme der Gewerkschaften[6], die für eine absolute Unantastbarkeit des Rechts auf Arbeitskampf im Notstand eintreten, allgemein einig ist, sollte aufgezeigt werden, *daß* Art. 9 Abs. 3 Satz 3 GG nicht in der Absolutheit Bestand haben kann, wie man dies von seinem Wortlaut her annehmen könnte. *Wie* jedoch eine Einschränkung in verfassungsrechtlich zulässiger Weise und in Übereinstimmung mit den übrigen Verfassungsprinzipien vorgenommen werden kann, wurde bisher noch nicht eingehend untersucht. Das soll Gegenstand der vorliegenden Arbeit sein, die sich zum einen mit der Möglichkeit der Einschränkung im Grundsätzlichen und im Anschluß daran mit dem verfassungsrechtlich zulässigen Ausmaß der Einschränkung beschäftigen wird.

B. Gang der Untersuchung

Im 1. Teil der Untersuchung soll zunächst der geschichtliche Grund dafür aufgezeigt werden, weshalb die Notstandsgesetze erst im Jahre 1968 durch Änderung des GG eingefügt wurden und nicht bereits in der Urfassung des GG enthalten waren. Danach wird ein kurzer Abriß über die damalige und auch heute noch bestehende Zielsetzung, die mit der Notstandsverfassung verbunden war und ist sowie die politische Situation im Zeitraum ihrer Planung gegeben. Eine ausführliche Darstellung dieser Aspekte wie auch der Entwicklung der Diskussion über den Wortlaut der Arbeitskampfschutzklausel und deren Stellung im GG findet sich in den Dissertationen von *Glückert*[7] aus dem Jahre 1970 und *Schmid*[8] aus dem Jahre 1971, auf die insofern verwiesen wird. Auf eine umfangreichere Erörterung dieser Punkte wird in der vorliegenden Arbeit verzichtet, weil ihr Schwerpunkt bei der Frage der Einschrän-

---

[4] Protokoll der 5. öffentlichen Informationssitzung des Rechts- und des Innenausschusses vom 14. 12. 1967.

[5] Scholz, in: Maunz / Dürig / Herzog, GG, Art. 9 Rdnr. 388.

[6] Benda, S. 103.

[7] Diss. Glückert, S. 21 ff.

[8] Diss. Schmid, S. 15 ff.

kungsmöglichkeiten der Arbeitskampfschutzklausel liegt. Dieser Frage wird zunächst in Form einer Normanalyse nachgegangen werden, mit deren Hilfe die nicht von den Tatbestandsmerkmalen des Art. 9 Abs. 3 Satz 3 GG umfaßten Sachverhalte ausgeschieden werden. Die danach verbleibenden, vom Schutzumfang des Art. 9 Abs. 3 Satz 3 GG umfaßten Formen des Arbeitskampfes werden im 2. Teil auf die Frage hin untersucht werden, ob sie entgegen dem Wortlaut der Verfassungsnorm, der weder Schranken bestimmt noch sonstige Vorbehalte enthält, verfassungsrechtlich zulässigen Beschränkungsmöglichkeiten unterliegen, bzw. ob die anerkannten Beschränkungsmöglichkeiten von Grundrechten auf Art. 9 Abs. 3 Satz 3 GG überhaupt anwendbar sind, und wenn ja, inwieweit sich diese Beschränkungsmöglichkeiten auf die Arbeitskampfschutzklausel auswirken (vgl. dazu den 3. Teil).

II. Historischer Hintergrund

Durch § 1 des Gesetzes vom 24. Juni 1968 wurde Art. 9 Abs. 3 GG, die verfassungsrechtliche Regelung des Koalitionsrechts, um Satz 3 erweitert (vgl. zum Wortlaut des Art. 9 Abs. 3 Satz 3 GG oben Abschnitt I. A.).

Schon der Parlamentarische Rat hatte im Gegensatz zur Weimarer Nationalversammlung im Entwurf des GG die Frage des Streiks regeln wollen. Dies sollte insbesondere deshalb geschehen, weil bereits damals diesbezügliche Regelungen in einigen Länderverfassungen existierten[9], weshalb die Aufnahme in das GG als unvermeidbar angesehen wurde. Einigkeit bestand darüber, daß ein Recht zur gemeinschaftlichen Arbeitseinstellung nur zur Förderung von Arbeits- und Wirtschaftsbedingungen anerkannt werden sollte, nicht aber zur Durchsetzung politischer Ziele; ebenfalls sollte der Beamtenstreik nicht gewährleistet werden. Es war vorgesehen, in einem besonderen Abs. 4 des späteren Art. 9 GG, der im wesentlichen mit Art. 159 WRV übereinstimmt, ein Streikrecht im Rahmen der Gesetze anzuerkennen.

Die Absicht, eine solche verfassungsrechtliche Regelung zu schaffen, wurde jedoch nicht verwirklicht, denn bei dem Versuch, die Verfassungsgarantie auf den Streik zu beschränken, traten Schwierigkeiten bei der Formulierung, d. h. bei der Abgrenzung im einzelnen auf. Zum einen wollte die Mehrheit im Parlamentarischen Rat nicht dem Wunsch der Gewerkschaften nachgeben, das Streikrecht nur für solche Arbeitseinstellungen zu gewährleisten, die von den Gewerkschaften unterstützt würden. Zum anderen hätte nach Auffassung der Mehrheit der Aus-

[9] Vgl. etwa Bremen: Art. 51 Abs. 3; Hessen: Art. 29 Abs. 4; Rheinland-Pfalz: Art. 66 Abs. 2.

schluß des politischen Streiks und des Beamtenstreiks in eine zu große Kasuistik geführt[10].

Bis zur Einfügung des Satzes 3 in Art. 9 Abs. 3 Satz 3 GG galt Art. 5 Abs. 2 des *Deutschlandvertrages* vom 31. März 1955[11], der folgenden Wortlaut hat:

> „Die von den Drei Mächten bisher innegehabten oder ausgeübten Rechte in bezug auf den Schutz der Sicherheit von in der Bundesrepublik stationierten Streitkräften, die zeitweilig von den Drei Mächten beibehalten werden, erlöschen, sobald die zuständigen deutschen Behörden entsprechende Vollmachten durch die deutsche Gesetzgebung erhalten haben und dadurch instand gesetzt sind, wirksame Maßnahmen zum Schutz der Sicherheit dieser Streitkräfte zu treffen, einschließlich der Fähigkeit, einer ernstlichen Störung der öffentlichen Sicherheit und Ordnung zu begegnen. Soweit diese Rechte weiterhin ausgeübt werden können, werden sie nur nach Konsultation mit der Bundesregierung ausgeübt werden, soweit die militärische Lage eine solche Konsultation nicht ausschließt, und wenn die Bundesregierung darin übereinstimmt, daß die Umstände die Ausübung derartiger Rechte erfordern. Im übrigen bestimmt sich der Schutz der Sicherheit dieser Streitkräfte nach den Vorschriften des Vertrages, welcher den Truppenvertrag ersetzt, und nach deutschem Recht, soweit nicht in einem anwendbaren Vertrag etwas anderes bestimmt ist."

Diese Vertragsbestimmung beinhaltete also eine Notstandsregelung, die alle Befugnisse zugunsten der früheren westlichen Besatzungsmächte schaffte — „alliierte Notstandsbefugnis" — und daher deutscher Verfügung entzogen waren.

Durch Erklärung vom 27. September 1968 haben die drei ehemaligen Besatzungsmächte festgestellt, daß mit dem Inkrafttreten des 17. Gesetzes zur Änderung des GG und des Gesetzes zur Beschränkung des Brief-, Post- und Fernmeldegeheimnisses die Vorbehaltsrechte der Drei Mächte erlöschen[12]. Diese Folgewirkung der Einfügung der Notstandsgesetze war einer der Hauptgründe für die Notstandsergänzung, wie sich aus der Begründung des Entwurfs '67 ergibt. So wird darin besonders betont, die Notstandsergänzungen des GG seien deshalb erforderlich, damit das aus der Zeit des Besatzungsrechts fortgeltende Notstandsrecht der Drei Mächte durch eine in die deutsche Rechtsordnung eingefügte Regelung ersetzt wird.

Mit dem Inkrafttreten des 17. Gesetzes zur Ergänzung des Grundgesetzes hat sich die Verfassungslage der Bundesrepublik also einschneidend verändert, indem dem GG das Kernstück der neueren Notstandsgesetzgebung eingefügt wurde.

---

[10] Vgl. Brox / Rüthers, § 4 II, S. 32/33; Hueck / Nipperdey, Bd. 2 / 2. HB, S. 914; Rüthers, Streik und Verfassung, S. 20 ff.; v. Münch, JURA 1979, 25 (30).

[11] BGBl. 1955 II, S. 305.

[12] Bulletin des Presse- und Informationsamtes der Bundesregierung vom 28. 5. 1968, Nr. 67 S. 569.

III. Ziel der Notstandsverfassung und rechtspolitische Ausgangslage bei ihrer Planung

Ziel des Gesetzgebers bei Schaffung der Notstandsgesetzgebung[13] war es, dem Staat ausreichende Mittel zur Verfügung zu stellen, mit deren Hilfe er seine Funktionsfähigkeit auch unter den Belastungen einer ernsthaften Notlage erhalten kann. Die Notstandsverfassung dient damit als Element zur Verteidigung und Bewahrung der freiheitlich-rechtlichen Verfassungsstruktur.

Zu dieser Zweckerreichung nimmt die Verfassung u. a. zeitweilige besondere Grundrechtsbeschränkungen in Kauf. Die Abwehr der Notstandsgefahren bringt also eine Einschränkung grundrechtlicher Freiheiten mit sich. Die Einschränkung dieser verfassungsmäßigen Rechte durch die im Notstandsfall tätigen Verfassungsorgane ist jedoch unverzichtbar, um die verfassungsmäßigen Rechte erhalten zu können.

Der durch das 17. Gesetz zur Ergänzung des GG neu eingefügte Satz 3 des Art. 9 Abs. 3 GG sollte Arbeitskämpfe vor Beeinträchtigungen durch mißbräuchliche Anwendung von Notstandssondervollmachten schützen[14]. Diese Stellungnahme der Rechtsordnung zum Arbeitskampf galt und gilt auch über den Kreis der Beteiligten, Redaktoren der Entwürfe sowie Arbeitgeber- und Arbeitnehmerseite, hinaus als ein verläßliches Kriterium für die freiheitliche und unfreiheitliche Qualität einer geschichtlich-konkreten Verfassungsstruktur moderner Staaten. Die Arbeitskampffreiheit als Konnexinstitut eines freiheitlichen Tarifsystems und als Symbol gesellschaftlicher Gestaltungsfreiheit ist weit über das tatsächliche Auftreten von Arbeitskämpfen hinaus von Bedeutung für das kollektive Bewußtsein eines sozialen und politischen Gleichgewichts der Kräfte und Gruppen des Arbeitslebens[15].

Satz 3 des Art. 9 Abs. 3 GG verdankt seine Entstehung der Sorge der Gewerkschaften, daß die Vorschriften des Notstandsrechts zur Bekämpfung der Streikfreiheit mißbraucht werden könnten. Ohne eine solche Garantie wäre die Verfassungsänderung seinerzeit nicht zustande gekommen[16]. Bei der Planung der Notstandsgesetzgebung war man sich bewußt, daß jede Beschränkung des Arbeitskampfes durch Notstandsgesetze auf harten Widerstand bei den Gewerkschaften stoßen würde, zumal die Gewerkschaften ohnehin aus allgemeinen politischen Gründen den geplanten Notstandsregelungen kritisch gegenüberstanden. Die Verfasser der Notstandsgesetze waren daher bemüht, diesen

---

13 Hinsichtlich der Entstehungsgeschichte vgl. Diss. Glückert, S. 21.

14 BT-Drucksache V/2873.

15 Rüthers, DB 1968, 1943.

16 Hueck, RdA 1968, 430 (432); Doehring, S. 275/276.

Widerstand nicht zu verhärten und wollten ihm nicht durch eine gesetzliche Beschränkung der Arbeitskampffreiheit neue Nahrung geben, nachdem beide Arbeitsmarktparteien, also sowohl Arbeitgeber- als auch Arbeitnehmerverbände mißtrauisch beobachteten, ob und wie sich die Rechtslage des Arbeitskampfes in der Bundesrepublik durch die Notstandsregelungen verändern würde[17].

Diese rechtspolitische Ausgangslage wird daher in der Literatur vielfach als Grund dafür angesehen, daß der Gesetzgeber sich nicht einer präziseren Formulierung bediente. Es wird bemängelt, daß das Notstandsrecht den Anforderungen an Rechtsklarheit, Verständlichkeit und Übersichtlichkeit nicht genügt, mithin die Einschränkungen grundrechtlicher Freiheiten nicht exakt aus den Notstandsvorschriften herausgelesen und ihrem Umfang nach bestimmt werden können. So meint etwa *Hesse*[18], daß durch die detaillierte Regelung aller notwendigen Maßnahmen und der Bestimmung deren Ausnahmen und durch die komplizierte Gesetzestechnik das heutige Notstandsrecht zu einem Normenkomplex angewachsen sei, in dem der Anschein rechtsstaatlicher Bestimmtheit und Begrenztheit mit dem Verlust rechtsstaatlicher Klarheit und Übersichtlichkeit erkauft werde und dessen Praktikabilität im Notstandsfall ernsthaften Zweifeln unterliege. *Rüthers*[19] spricht davon, daß bei der Formulierung der Arbeitskampfschutzklausel die Gesetzgebungstaktik im Hinblick auf rechtspolitische Widerstände gegen die Notstandsregelung Pate gestanden haben mag. *Schmid*[20] bezeichnet die Klausel als „rechtspolitischen Kompromiß zwischen den Befürwortern und den prinzipiellen Gegnern einer Notstandsregelung“.

Im folgenden Abschnitt IV. soll versucht werden, die in Art. 9 Abs. 3 Satz 3 GG verwendeten Begriffe auf ihren Sinngehalt hin zu untersuchen und zu präzisieren. Die exakte Bestimmung dessen, was von Art. 9 Abs. 3 Satz 3 GG und seinem Schutz umfaßt ist, also die Frage der Reichweite der Verfassungsnorm, ist für die im 2. Teil der Arbeit folgende Überprüfung möglicher Einschränkungen dieser Bestimmung von ausschlaggebender Bedeutung. Es ist daher zunächst eine Analyse des „Normbereichs“ notwendig.

IV. Interpretation der einzelnen Merkmale der Norm

Mit der Einfügung des Art. 9 Abs. 3 Satz 3 GG wurde erstmals eine ausdrückliche Aussage zum Arbeitskampfrecht in der Verfassung ge-

[17] Rüthers, DB 1968, 1943.
[18] Hesse, S. 301.
[19] Rüthers, DB 1968, 1943 (1952).
[20] Diss. Schmid, S. 62.

troffen. Dabei bestand allerdings schon im Entwurfstadium Einigkeit darüber, daß sich durch die Aufnahme dieses Verfassungssatzes nichts am bisherigen Rechtszustand ändern sollte. Vielmehr sollte bei Auslegung der Arbeitskampfschutzklausel von dem Entwicklungsstand des Arbeitskampfrechts in der Bundesrepublik vor der Verabschiedung der Notstandsverfassung ausgegangen werden[21]. Dies geht auch aus dem schriftlichen Bericht des Rechtsausschusses über den von der Bundesregierung eingebrachten Entwurf[22] hervor. Darin heißt es, der neue Satz 2 des Art. 9 Abs. 3 GG solle Arbeitskämpfe vor einer Beeinträchtigung durch mißbräuchliche Anwendung von Notstandssondervollmachten schützen. Mit der Einfügung dieser Vorschrift werde nicht die Absicht verfolgt, hinsichtlich der allgemeinen verfassungsrechtlichen Beurteilung der Zulässigkeit von Arbeitskämpfen an dem geltenden Rechtszustand irgend etwas zu ändern. Die in Normalzeiten geltende Rechtslage sollte vielmehr auch im Notstand gewährleistet werden[23]. Die im folgenden vorzunehmende Auslegung der Arbeitskampfschutzklausel hat sich daher an der bis zur Grundgesetzänderung bestehenden Rechtslage zu orientieren.

Für die Auslegung ist dabei auch die systematische Einordnung der Arbeitskampfschutzklausel in Art. 9 Abs. 3 GG von Bedeutung. Im Gegensatz zum Regierungsentwurf, wonach die neue Bestimmung als Abs. 4 in Art. 91 GG aufgenommen werden sollte, wurde sie unmittelbar an die beiden ersten Sätze des Art. 9 Abs. 3 GG angeschlossen. Diese Einordnung resultiert daraus, daß bei den Beratungen der Notstandsgesetzgebung Parlament und Regierung darin übereinstimmten, daß Art. 9 Abs. 3 Satz 1 GG auch den Arbeitskampf mitgewährleistet und somit ein Sinnzusammenhang besteht[24]. Damit bilden die drei Sätze eine Einheit. Der in dieser systematischen Anordnung zum Ausdruck gebrachte Wille des Gesetzgebers macht damit nur eine einheitliche Auslegung des Art. 9 Abs. 3 Satz 3 GG möglich[25].

A. Arbeitskampf

1. Inhaltliche Bestimmung des Begriffs

Schutzgut des Art. 9 Abs. 3 Satz 3 GG ist der „Arbeitskampf", ohne daß dieser Begriff näher umschrieben oder eingegrenzt wird. Lediglich

---

21 Rüthers, DB 1968, 1943.

22 BT-Drucksache V/2873.

23 Brox / Rüthers, S. 34.

24 Hueck / Nipperdey, Bd. II / 2. HB, S. 916.

25 Hueck, RdA 1968, 430 (431).

§ 25 KSchG umreißt ihn schemenhaft[26]. Danach ist der Arbeitskampf ein Mittel, das „in wirtschaftlichen Kämpfen zwischen Arbeitgebern und Arbeitnehmern vorgenommen wird“. Im Wortlaut dieser Vorschrift sind damit zwei wesentliche Komponenten enthalten: die am Arbeitskampf beteiligten Parteien werden festgelegt — Arbeitgeber und Arbeitnehmer; daneben ist auch der Anlaß der Maßnahme bestimmt — in wirtschaftlichen Kämpfen. Offengelassen wird die Auswirkung der Kampfmaßnahmen — teilweise oder gänzliche Beeinträchtigung des Arbeitsablaufs, sowie das Kampfziel, das mit dem Arbeitskampf verfolgt wird — Erreichung kollektivvertraglicher Regelungen, die der Vertragspartner freiwillig nicht eingegangen ist bzw. die Abwendung solcher Zielsetzungen.

In der rechtswissenschaftlichen Literatur haben sich zum Begriff des „Arbeitskampfes“ zwei Interpretationen herausgebildet. Nach der weiten — *kampfmittelorientierten* — liegt ein Arbeitskampf dann vor, wenn die Arbeitgeber- oder Arbeitnehmerseite durch gemeinsame (kollektive) Maßnahmen (im wesentlichen Streik oder Aussperrung) die andere Seite unter wirtschaftlichen Druck setzt, um so (irgendein) bestimmtes Ziel zu erreichen. Nach dieser Auffassung erfolgt keine nähere Bestimmung des erstrebten Zieles. Dagegen nimmt die enge — *kampfzielorientierte* — Interpretation eine doppelte Einschränkung vor, und zwar nach Kampfziel und Kampfparteien. Ein Arbeitskampf liegt danach vor, wenn sich die kollektive Maßnahme gegen den sozialen Gegenspieler richtet und ein Kampfziel auf dem Gebiet der Arbeits- und Wirtschaftsbedingungen damit verfolgt wird.

Auch das BAG vertritt der Sache nach den engen Begriff[27]. In der Entscheidung bejaht das Gericht nur dann einen Arbeitskampf, wenn er zwischen Arbeitgeber und Arbeitnehmer stattfindet und den Arbeitsfrieden störende Maßnahmen beinhaltet. Diese Auffassung ist wohl die allein sinnvolle, denn die weite Begriffsbestimmung wäre nur dann angebracht, wenn unter den Begriff des Arbeitskampfes wirklich vergleichbare Erscheinungsformen zu subsumieren wären. Dies ist aber gerade im Fall des „politischen“ Streiks (vgl. dazu ausführlich unten IV. C. 2.), also in der Auseinandersetzung, die in Richtung auf den Staat und nicht auf den sozialen Gegenspieler ausgerichtet ist, nicht der Fall. Diese Konstellation läßt sich klar von denjenigen abgrenzen, die alleine dem sozialen Gegenspieler gelten und von diesem etwas erzwingen wollen. *Hueck / Nipperdey*[28] als Vertreter der letztgenannten Auffassung

[26] Der Begriff findet sich ebenso in § 2 Abs. 1 Nr. 1 ArbGG und § 116 AFG.

[27] So grundsätzlich im Urteil des BAG vom 29. 9. 1954, SAE 1956, 141; ebenso BAG AP Nr. 43 zu Art. 9 GG.

[28] Hueck / Nipperdey, Bd. II / 2. HB, S. 872, 878; ebenso zum Teil Diss. Schmid, S. 35.

definieren daher den Arbeitskampf als „Störung des Arbeitslebens durch kollektive Maßnahmen der Arbeitgeber- oder Arbeitnehmerseite (= objektiver Tatbestand des Arbeitskampfes) zur Erkämpfung oder Abwehr des Versuchs einer Erkämpfung einer freiwillig nicht zugestandenen kollektivvertraglichen Regelung (= subjektiver Tatbestand des Arbeitskampfes).

Aus dieser nur groben Definition, insbesondere was die Art der Kampfmaßnahmen angeht, kann nur geschlossen werden, daß der Gesetzgeber mit dem Begriff „Arbeitskampf" in Art. 9 Abs. 3 Satz 3 sämtliche erdenklichen Kampfarten ansprechen wollte. Streik, Aussperrung und Boykott sind nur Arten des Arbeitskampfes, neben denen auch beliebig andere Formen des Arbeitskampfes möglich sind, soweit sie nur die Eignung zur Störung des Arbeitsfriedens besitzen. Es besteht also auch im Notstand Typenfreiheit im Sinne freier Typenbildung. Mit der Verwendung des Begriffs „Arbeitskampf" hat der Gesetzgeber die Gleichwertigkeit sämtlicher Kampfarten in ihrem Verhältnis zueinander konstatiert. Dies entspricht dem Grundsatz der Kampfparität, wonach jeder Seite des Arbeitskampfes Kampfmittel zur Erreichung ihrer Ziele zur Verfügung stehen müssen[29]. Nur die gleichmäßige Behandlung beider Tarifparteien im Rahmen des Art. 9 Abs. 3 Satz 3 GG konnte sicherstellen, daß der Zweck der eingefügten Bestimmung, die Gewährleistung des bisherigen Rechtszustandes auch im Rahmen der Notstandsverfassung, erreicht würde[30].

2. *Gebräuchlichste Formen des Arbeitskampfes*

Trotz der oben erwähnten Möglichkeit freier Typenbildung haben sich Streik und Aussperrung als die am häufigsten angewandten Kampfmittel herausgebildet. Sie sollen anhand synoptischer Betrachtung charakterisiert werden: Der Streik als Mittel der Arbeitnehmer ist Angriffsmittel des wirtschaftlichen Kampfes, und zwar in Form des Unterlassens; die Aussperrung der Arbeitgeber ist typisches Verteidigungsmittel in Form positiven Tuns, Verhinderung der Arbeitsmöglichkeit. Streik ist regelmäßig Kampf vieler gegen wenige (oder nur einen) Arbeitgeber, Aussperrung ist Kampf eines einzelnen oder weniger gegen eine Vielzahl.

Auch die Folgen der Kampfmittel sind unterschiedlich: Durch die Aussperrung werden die Arbeitsplätze unmittelbar bedroht, womit die unmittelbare Existenz der Arbeitnehmer in Gefahr gerät. Den Arbeitgeber treffen die Folgen des Streiks dagegen erst mittelbar in seinem Unter-

---

[29] Hanau / Adomeit, Abschnitt C. III. 3, S. 70.

[30] Vgl. BT-Drucksache V/2873.

nehmergewinn, wobei nicht übersehen werden darf, daß dies gerade in Anbetracht der heutigen Wirtschaftslage häufig auch Auswirkungen auf die Existenz des bestreikten Unternehmens haben kann[31] und mittelbar damit auch auf den Bestand von Arbeitsplätzen.

3. Grenzen des Begriffs „Arbeitskampf"

Alle Mittel des Arbeitskampfes sind darauf ausgerichtet, die sozialen Kräfte in der dem Arbeitskampf eigentümlichen „Kampfsituation" in Wettbewerb treten zu lassen. Echter Kampf erweist sich daher als Wechselspiel sozialer Kräfte, nicht als Duell[32]. Die grenze freier Typenbildung ist in nicht mehr gerechtfertigter Weise überschritten, wenn die faktische und rechtliche Ausgestaltung eines Arbeitskampfmittels zu einer eklatanten Überprivilegierung einer Partei führt und damit das Wechselspiel aufgehoben wird, denn damit würde der potentielle Gegenspieler von Anfang an zur Kapitulation gezwungen.

Somit ist festzuhalten, daß Art. 9 Abs. 3 Satz 3 GG im Notstand zwar alle denkbaren Arbeitskampfarten schützt und gleichbehandelt, jedoch nur, wenn sie sich im Rahmen des von der Arbeitskampfdefinition umgrenzten Begriffsfeldes halten.

B. Vereinigungen i. S. d. Art. 9 Abs. 3 Satz 1 GG

1. Inhaltliche Bestimmung des Begriffs

Art. 9 Abs. 3 Satz 3 GG begrenzt seinen verfassungsrechtlichen Schutz hinsichtlich der zu schützenden Zielgruppe selbst dadurch, daß er im Notstandsfall nur solche Arbeitskräfte vor Notstandsmaßnahmen bewahrt, die von „Vereinigungen i. S. d. Art. 9 Abs. 3 Satz 3 GG" geführt werden. Damit hängt der Schutz der Verfassungsnorm davon ab, daß der Arbeitskampf von einer Koalition geführt wird.

Aus der Verweisung in der Arbeitskampfschutzklausel selbst ergibt sich die Auslegung des Begriffs aus Art. 9 Abs. 3 Satz 1 GG. Der Gegenüberstellung der Begriffe „Arbeitskampf" und „Vereinigungen" in der Arbeitsschutzklausel ist zu entnehmen, daß letzterer nur so ausgelegt werden kann, daß darunter die als Arbeitskampfparteien in Betracht kommenden Zusammenschlüsse fallen. Dem Koalitionsbegriff ist damit die wirksame und nachhaltige Zweckverwirklichung mit den Mitteln des Arbeitskampfes impliziert. Der Terminus „Vereinigungen" beinhal-

---

31 Hanau / Adomeit, Abschnitt C. III. 3, S. 70; Diss, Schmid, S. 36.

32 Nipperdey, DB 1963, 1613 ff.

tet also tariffähige Arbeitgeber- und Arbeitnehmerkoalitionen — Arbeitgeberverbände und Gewerkschaften.

Darüber hinaus ist als qualifizierendes Merkmal erforderlich, daß es sich um auf Dauer angelegte festgefügte Vereinigungen handelt. Nur sie gewährleisten die sachgerechte Erfüllung der komplexen Koalitionsaufgabe, weil sie sich kraft ihrer wirtschaftlichen Sachkunde den Überblick über die Gesamtsituation verschaffen können, der für eine gezielte und planmäßige Lohn- und Sozialpolitik erforderlich ist. Nur sie sind in der Lage, die Einhaltung und Durchführung erkämpfter Gesamtvereinbarungen zu gewährleisten; sie haben die hierfür erforderliche Bestandsfähigkeit. Überdies gewährleisten auch nur sie, daß sie von dem scharfen Instrument des Arbeitskampfes mit dem erforderlichen Verantwortungsbewußtsein Gebrauch machen[33]. „Ad-hoc-Vereinigungen" — Zusammenschlüssen zu einem einmaligen Zweck (etwa zur Durchführung eines einmaligen Streiks) — unterfallen daher nicht dem Begriff der „Vereinigungen" i. S. d. Art. 9 Abs. 3 GG[34]. Dagegen ist eine zu geringe Mitgliederzahl kein Hinderungsgrund, denn jeder Vereinigung muß die Chance gegeben werden, sich zu entwickeln[35].

Zusammenfassend lassen sich die Vereinigungen i. S. d. Art. 9 Abs. 3 GG definieren als freie, korporative, auf Dauer angelegte Vereinigungen von Arbeitgebern und Arbeitnehmern zur Wahrung und Regelung kollektiver Belange des Arbeits- und Wirtschaftslebens in kooperativer und kontradiktorischer Verantwortung[36].

2. Der „wilde" Streik

Im Zusammenhang mit der Definition der Vereinigungen stellt sich das Problem des sogenannten „wilden" Streiks. Er ist dadurch gekennzeichnet, daß er ohne Zustimmung, möglicherweise sogar ohne den Willen der in Betracht kommenden Gewerkschaft, die ihn auch nicht nachträglich billigt oder weiterführt[37], geführt wird, also nicht von einer

---

[33] Vgl. hierzu BAG AP Nr. 24 zu Art. 9 GG, worin die Mindestanforderungen hinsichtlich der Tariffähigkeit einer Koalition im einzelnen festgelegt sind. Deren Merkmale sind: freie Bildung, gegnerfrei, unabhängig, auf überbetrieblicher Grundlage organisiert; Aufgabe der Interessenwahrnehmung der Mitglieder; Wille zum Abschluß von Tarifverträgen für ihre Mitglieder; Fähigkeit, die Aufgaben durch entsprechenden organisatorischen Aufbau sinnvoll zu erfüllen: Fähigkeit, auf die Gegenseite fühlbaren Druck auszuüben, so daß in aller Regel ein Tarifvertrag zustande kommt; Autorität gegenüber den Mitgliedern und Gegenspielern.

[34] Hanau / Adomeit, Abschnitt C. I. 2. b; Diss. Schmid, S. 56.

[35] Hanau / Adomeit, Abschnitt C. I. 2. b; BAG in DB 1968, 1715 (1716).

[36] Hanau / Adomeit, Abschnitt C. I. 1. und 2.; Diss. Schmid, S. 57.

[37] Dies ist grundsätzlich möglich und macht den wilden Streik zum legitimen, vgl. BAG AP Nr. 3 zu Art. 9 GG.

Tarifpartei[38]. In der Literatur besteht daher Einigkeit darüber, daß der wilde Streik nicht dem Schutz des Art. 9 Abs. 3 Satz 3 GG unterfällt, da er nicht die Voraussetzung erfüllt, von einer Vereinigung i. S. d. Art. 9 Abs. 3 GG geführt zu werden.

3. *Die „wilde" Aussperrung*

Der Begriff der „Vereinigung" wirft weiter die Frage auf, ob damit nur Arbeitskämpfe von Arbeitgeber- und Arbeitnehmer*koalitionen* geschützt werden, oder ob auch der einzelne Arbeitgeber, benutzt er in der Auseinandersetzung um den Abschluß eines Firmentarifs das Mittel der Aussperrung, verfassungsrechtlich geschützt ist (Frage der „wilden" Aussperrung). Hierbei ist zu beachten, daß jeder Arbeitgeber seine Machtposition unmittelbar aus dem Eigentumsrecht ableitet, wohingegen dem Arbeitnehmer die für den Arbeitskampf erforderliche Machtposition erst durch Zusammenschluß im Arbeitnehmerkollektiv erwächst[39].

Zum Teil bedient sich die Literatur der strengen Auslegung und unterstellt die von einem einzelnen Arbeitgeber geführte Aussperrung nicht dem Schutz des Art. 9 Abs. 3 Satz 3 GG. Als Vertreter dieser Auffassung sind etwa *Hueck / Nipperdey*[40] zu nennen. Allerdings steht diese Meinung nicht im Einklang mit der schon vor Einführung des Art. 9 Abs. 3 Satz 3 GG bestehenden Rechtslage, wonach dem einzelnen Arbeitgeber das Recht zur Aussperrung bereits zuerkannt war, es sei denn, sie wäre während des Bestehens eines Verbandstarifs ohne oder gegen den Willen des zuständigen Arbeitgeberverbandes durchgeführt worden[41]. Auch in der Arbeit von *H. D. Schmid* wird die strenge Auslegung befürwortet[42]. Die Beschränkung auf die verbandsmäßige Aussperrung wird damit begründet, daß sich „der Gesetzgeber nur von Verbänden die Gewährleistung der Koalitionsaufgabe und den verantwortungsbewußten Gebrauch der Mittel des Arbeitskampfes verspricht". *Rüthers*[43] dagegen versteht den Begriff der Vereinigung i. S. d. Satzes 1 als Synonym für die Tarifparteien. Tarifparteien nach § 2 Abs. 1 TVG sind u. a. auch die einzelnen Arbeitgeber, weshalb *Rüthers* die Aussperrung eines einzelnen Arbeitgebers für zulässig hält. Bestätigt sieht er seine Auffassung dadurch, daß der Gesetzgeber in allen anderen Formulierungen des Art. 9 Abs. 3 Satz 3 GG den Stand der herrschenden

---

[38] Hanau / Adomeit, Abschnitt C. III. 5. a; Hueck, RdA 1968, 430.

[39] Diss. Schmid, S. 36 m. w. N.

[40] Hueck / Nipperdey, Bd. II / 2. HB, S. 906; Hueck, RdA 1968, 430.

[41] Hueck / Nipperdey, Bd. II / 2. HB, S. 906.

[42] Diss. Schmid, S. 59.

[43] Rüthers, DB 1968, 1948 (1950); Brox / Rüthers, S. 43.

Lehre zur Rechtmäßigkeit von Arbeitskämpfen zum Ausgangspunkt für die Gewährleistung des Arbeitskampfes im Notstand genommen hat. Zudem fordere auch der Grundsatz der Kampfparität, daß der einzelne Arbeitgeber nicht schutzlos (waffenlos) einem gewerkschaftlichen Arbeitskampf gegenüberstehe.

Diese unterschiedlichen Auffassungen kommen allerdings im Ergebnis gleichermaßen dazu, daß gleichwohl eine Aussperrung nur eines Arbeitgebers möglich ist. *Rüthers* als Vertreter der extensiven Auslegung folgert dies wie oben festgestellt schon aus der Auslegung des Begriffs „Vereinigungen" selbst —. Die Vertreter der strengen Auslegung des Begriffs bejahen den verfassungsrechtlichen Schutz dann, wenn die Aussperrung vom Arbeitgeberverband geführt wird. Dann handelt es sich um eine Verbandsaussperrung, die auf ein Unternehmen konzentriert ist; sie wird für einen nur für das aussperrende Unternehmen geplanten Tarifvertrag geführt. Hierfür ist lediglich Voraussetzung, daß der Arbeitgeber Mitglied des kampfführenden Verbandes ist oder wird[44].

C. Wahrung und Förderung von Arbeits- und Wirtschaftsbedingungen

Eine weitere Einschränkung seines Schutzumfangs beinhaltet Art. 9 Abs. 3 Satz 3 GG insoweit selbst, als er nur solche Arbeitskämpfe schützt, die „zur Wahrung und Förderung von Arbeits- und Wirtschaftsbedingungen" geführt werden. Auch hier hat der Gesetzgeber auf die Formulierung des Art. 9 Abs. 3 Satz 1 GG zurückgegriffen und damit eine Zweckbestimmung an den Arbeitskampf geknüpft, die nun im einzelnen näher betrachtet und definiert werden soll.

1. Begriffsbestimmung der „Arbeits- und Wirtschaftsbedingungen"

Unter den Begriff der „Arbeitsbedingungen" fällt in erster Linie das Arbeitsverhältnis selbst, insbesondere diejenigen Fragen, die tarifvertraglich geregelt werden können[45], wie etwa Löhne und sonstige Arbeitsvergütungen, Einstellungs- und Entlassungsbedingungen, Lehrverhältnisse und sonstige Berufsausbildung, Arbeitszeit, Arbeitstechnik, Gefahrenschutz, Urlaubsgewährung und Erholungseinrichtungen, soziale Unterstützung und Pensionen.

Der Begriff der „Wirtschaftsbedingungen" ist insoweit umfassender, als davon auch die allgemeinen wirtschafts- und sozialpolitischen Ver-

[44] Rüthers, DB 1968, 1948 (1950).
[45] Hueck / Nipperdey, Bd. II / 1. HB, S. 103.

hältnisse erfaßt werden[46]. Hierzu gehören beispielsweise das überbetriebliche Mitbestimmungsrecht der Arbeitnehmer, der Ausbau der Sozialversicherung und eine stärkere Beteiligung der Arbeitgeber und Arbeitnehmer an der Sozialverwaltung.

Die in Art. 9 Abs. 3 Satz 3 GG getroffene Zweckbestimmung des Arbeitskampfes enthält jedoch keine Aussage darüber, daß nur dem sozialen Gegenspieler gegenüber die Interessenwahrnehmung stattfinden kann. Die Wahrung und Förderung von Arbeits- und Wirtschaftsbedingungen wird dem Wortlaut nach nicht auf den sozialen Gegenspieler begrenzt, vielmehr läßt dieser auch die Interessenvertretung gegenüber dem Staat zu[47]. Ob diese Interpretation dem Sinn und Zweck der Norm entspricht, soll im folgenden untersucht werden.

2. *Der „politische" Arbeitskampf*

Es stellt sich die Frage, ob Art. 9 Abs. 3 Satz 3 GG den Vereinigungen auch das Mittel des Arbeitskampfes zur Interessenvertretung gegenüber dem Staat zur Verfügung stellt, ob also auch der „politische" Arbeitskampf im Notstand von Art. 9 Abs. 3 Satz 3 GG geschützt ist.

Der politische Arbeitskampf unterscheidet sich vom arbeitsrechtlichen dadurch, daß die Kämpfenden eine Forderung gegenüber einer staatlichen Instanz erheben. Damit wird das Ziel verfolgt, auf den Gesetzgeber oder auf die Organe der Rechtsprechung und Verwaltung einzuwirken. Der politische Arbeitskampf grenzt sich damit durch die unterschiedliche Kampfrichtung, den unterschiedlichen Kampfadressaten eindeutig vom arbeitsrechtlichen Arbeitskampf ab. Die Richtung gegen den Staat ist das entscheidende Merkmal. Mit dem Mittel direkten Zwangs auf den sozialen Gegenspieler ist indirekter Zwang auf den gesetzgebenden Gegenspieler beabsichtigt; sein Wille ist es, der durch den Kampf gebeugt werden soll. Im arbeitsrechtlichen Arbeitskampf soll der soziale, im politischen der gesetzgebende Gegenspieler getroffen werden, wobei der soziale Gegenspieler direkter Adressat der Kampfmaßnahme, der gesetzgebende Gegenspieler indirekter Adressat des Kampfzweckes ist[48]. Damit ist der politische Kampf gegen den Staat oder einen sonstigen Hoheitsträger gerichtet, der durch die kollektive Störung des Arbeitslebens gezwungen werden soll, die Forderung der Kämpfenden zu erfüllen; er ist allein im „status politicus" und nicht im „status socialis" angelegt[49].

[46] Hueck / Nipperdey, Bd. II / 1. HB, S. 103; Nickisch, Bd. II, S. 5.

[47] Hueck / Nipperdey, Bd. II / 1. HB, S. 105 (Ziff. 2).

[48] Rüthers, DB 1968, 1948 (1950); Brox / Rüthers, S. 39; Kaiser, S. 25; Hueck / Nipperdey, Bd. II / 2. HB, S. 884.

[49] Thiele, DVBl. 1977, 556 m. w. N.

Auch der BGH hat sich in der grundlegenden Entscheidung aus dem Jahre 1954[50] für diese Abgrenzung ausgesprochen. Gegenstand der Entscheidung war die Frage der Zuständigkeit der ordentlichen Gerichte für Schadensersatzansprüche der Arbeitgeber, die diesen aus der Durchführung des Druckerstreiks im Mai 1952 entstanden. In seinem Urteil hat der BGH den Streik, der die Verwirklichung einer Forderung der organisierten Arbeitnehmerschaft durch den Gesetzgeber erstrebt, nicht als Arbeitskampf i. S. d. § 2 Abs. 1 Nr. 1 ArbGG angesehen und damit die Zuständigkeit des Arbeitsgerichts hinsichtlich der Überprüfung der Schadensersatzansprüche verneint. Unter Bezugnahme auf die enge kampfzielorientierte Interpretation (vgl. oben IV. A. 1.) hat der BGH hier einen politischen Streik trotz der Gleichwertigkeit des angewandten Kampfmittels bejaht, nachdem das Ziel der Kampfmaßnahme in der Erreichung eines „fortschrittlichen und einheitlichen Betriebsverfassungsgesetzes“ lag[51], mithin die Kampfrichtung nicht gegen den Sozialpartner, vielmehr gegen den Staat bzw. die Abgeordneten des Deutschen Bundestages ausgerichtet war, um diese unter Druck zu setzen und dadurch ihre Entscheidung zu beeinflussen. Der BGH hat in der Entscheidung ausgeführt, daß dieser Streik durch seine Zielsetzung eine politische Waffe sei, und zwar auch dann, wenn der Inhalt der proklamierten Streikforderungen in weiterem Sinne auf arbeitsrechtlichem Gebiet liege[52]. Hinsichtlich der als Folge des Streiks erhobenen Ansprüche war damit die Zuständigkeit der ordentlichen Gerichte anzunehmen.

Der politische Arbeitskampf ist daher nicht durch Art. 9 Abs. 3 Satz 3 GG, sondern u. U. nach Maßgabe des verfassungsrechtlichen Widerstandsrechtes gemäß Art. 20 Abs. 4 GG legalisiert[53]. Selbst wenn mit dem Mittel des politischen Arbeitskampfes eine für die Arbeitnehmerseite günstige Gestaltung eines Gesetzes erreicht werden soll, so besteht Einigkeit in der arbeits- und verfassungsrechtlichen Literatur darüber, daß der politische Arbeitskampf nicht den Schutz des Art. 9 Abs. 3 Satz 3 GG genießt[54].

Im Arbeitskampfbegriff ist der soziale Wettkampf unabhängig von den beabsichtigen politischen Folgewirkungen auf die sozialen Gegenspieler festgelegt. Die Zweckbestimmung des Art. 9 Abs. 3 Satz 3 GG verlangt, daß der Kampf nur zur Wahrung und Förderung von Arbeits- und Wirtschaftsbedingungen geführt wird. Daher muß der Arbeitskampf dazu dienen, diesen Zweck gegenüber dem sozialen Gegenspieler

---

50 Abgedruckt in SAE 1956, 141.

51 SAE 1956, 141.

52 SAE 1956, 141 (143).

53 Scholz, in: Maunz / Dürig / Herzog, GG, Art. 9 Rdnr. 376.

54 Vgl. etwa Rüthers, DB 1968, 1948 (1950); Hueck, RdA 1968, 430.

zu erreichen. Der soziale Gegenspieler muß daher sowohl direkter Adressat der Kampfmaßnahme als auch des Kampfzweckes sein. Er ist jedoch nur dann Adressat des Kampfzwecks, wenn er *rechtlich* befugt und *faktisch in der Lage* ist, eine Rechtsmaterie mit der gegnerischen Partei zu regeln. Mit der Einfügung des Zusatzes „zur Wahrung und Förderung ..." sollte schon von Verfassungs wegen der politische Arbeitskampf ausgeschlossen werden, der sich vom arbeitsrechtlichen Arbeitskampf also durch das Kriterium der „Realisierbarkeit zwischen Arbeitskampfparteien" unterscheidet. Möglich ist, daß der Arbeitskampf sich sowohl gegen den Tarifgegner als auch gegen den Staat richtet. Es handelt sich dann um einen Arbeitskampf zur Durchsetzung arbeitsrechtlicher *und* politischer Forderungen. Auch diese Konstellation stellt einen politischen Arbeitskampf dar, da die Adresse an den Hoheitsträger alleine schon ausreicht, um ihm politischen Charakter zu verleihen, unabhängig von sonstigen Zielen und Gegnern, die damit verfolgt und angesprochen werden[55]. Es besteht kein partieller Verfassungsschutz. Gleiches gilt dann, wenn der partiell arbeitsrechtliche Arbeitskampf nicht ohne die politische Forderung durchgeführt worden wäre[56]. Die in diesen Fällen bestehende Unterordnung des partiell arbeitsrechtlichen unter den partiell politischen Arbeitskampf ist nur Vorwand oder unbedeutender Nebenzweck.

Etwas anderes gilt, wenn eine solche Abhängigkeit nicht besteht, somit beide Teilaspekte voneinander getrennt werden können. Dann schützt Art. 9 Abs. 3 Satz 3 GG den arbeitsrechtlichen Teil des Kampfes. Läßt sich weder der Nachweis der Isolierbarkeit noch der der Abhängigkeit erbringen, so steht „im Zweifel" der arbeitsrechtliche Arbeitskampf unter dem Schutz des Art. 9 Abs. 3 Satz 3 GG.

Schmid[57] grenzt die vage Formel der „Wahrung und Förderung ..." weiter anhand des Kriteriums „gemeinwohlgebundener Realisierbarkeit" ein. Es enthält allgemein die Verpflichtung der Kampfparteien, Arbeitskämpfe nur dann und nur unter solchen Bedingungen zu führen, die die Gefahr einer Unmöglichkeit gemeinwohlgebundener Zweckverwirklichung verhindern. Widersprechen Arbeitskämpfe diesem Kriterium, so genießen sie keinen verfassungsrechtlichen Schutz.

---

[55] Rüthers, Streik und Verfassung, S. 82.

[56] Hueck / Nipperdey, Bd. II / 2. HB, S. 1015 f.

[57] Diss. Schmid, S. 46.

3. *Andere Formen von Arbeitskämpfen*

Im folgenden soll untersucht werden, ob auch andere Arbeitskampfformen den Schutz des Art. 9 Abs. 3 Satz 3 GG genießen.

a) Demonstrationsstreik

Charakteristisch für den Demonstrationsstreik ist, daß damit entweder der Unwille über eine bestimmte Situation zum Ausdruck gebracht wird oder aber die Arbeitnehmer ihre Entschlossenheit bekunden, zum Kampfstreik zu schreiten, falls ihre Forderungen nicht erfüllt werden[58]. Der Zweck des Streiks besteht also entweder im Aufmerksammachen auf eine Sachlage — Kundgabe eines allgemeinen Willens, Protest — oder in der Vorankündigung weiterer Maßnahmen. Er unterfällt nur dann Art. 9 Abs. 3 Satz 3 GG, wenn durch ihn Druck auf die Arbeitgeberseite in bezug auf die künftige Gestaltung der Arbeitsbedingungen ausgeübt werden soll[59], nicht dagegen, wenn er politischen Inhalt hat, da die angegriffene Arbeitskampfpartei zur Zweckverwirklichung aus eigenem Willensentschluß nicht imstande ist. In diesem Fall muß er einem Angriff auf die Substanz des Staates oder auf die politische Ordnung gleichgestellt werden.

In der Form des Warnstreiks ist der Demonstrationsstreik dann geschützt, wenn damit einer arbeitsrechtlichen Forderung Nachdruck verliehen werden soll. Hier ist die angegriffene Partei zur Regelung rechtlich befugt und imstande[60].

b) Sympathiestreik

Der Sympathiestreik kennzeichnet sich dadurch, daß die streikenden Arbeitnehmer keine gegen ihren Arbeitgeber gerichteten Forderungen durchsetzen, sondern vielmehr den Hauptstreik anderer Arbeitnehmer gegen deren Arbeitgeber unterstützen wollen. Durch die Einschaltung zunächst unbeteiligter und nicht unmittelbar durch den Streikgegenstand betroffener Arbeitnehmer soll der Druck auf die ursprünglich und eigentlich im Streik stehenden und gemeinten Sozialpartner verstärkt werden.

Uneinigkeit besteht in der Literatur über dessen verfassungsrechtliche Behandlung. *Hueck*[61] unterstellt auch diese Sonderform der arbeitsrechtlichen Streiks dem Schutz des Art. 9 Abs. 3 Satz 3 GG, wenn er

---

58 Dietz, JUS 1968, 2.

59 Hueck, RdA 1968, 430; Kaiser, S. 28.

60 Diss. Schmid, S. 47.

61 Hueck, RdA 1968, 430; Hueck / Niperdey, Bd. II / 2. HB, S. 1009; ebenso Kaiser, S. 30.

einen Arbeitskampf fördern soll, der seinerseits zur Regelung der Arbeits- und Wirtschaftsbedingungen geführt wird. *Brox / Rüthers*[62] dagegen verneinen den Schutz. Diese Meinung ist gegenüber der von *Hueck* vertretenen vorzugswürdig, da beim Sympathiestreik die angegriffene Arbeitskampfpartei rechtlich nicht befugt ist, regelnd in den Hauptstreik einzugreifen.

c) Abwehrkampf

Eine entgegengesetzte Zielrichtung hat der Abwehrkampf im Auge. Er erstrebt nicht eine Neuregelung der Arbeits- und Wirtschaftsbedingungen, sondern die Wahrung des bestehenden Zustandes, der arbeitsrechtlichen Ordnung; auch er wird daher von Art. 9 Abs. 3 Satz 3 GG umfaßt[63].

d) Nachträglicher Entzug der Regelungsbefugnis

Die Frage verfassungsrechtlichen Schutzes durch Art. 9 Abs. 3 Satz 3 GG stellt sich weiter in dem Fall, in dem nach Aufnahme des Arbeitskampfes den Arbeitskampfparteien die Regelungsbefugnis entzogen wird, etwa dadurch, daß eine staatliche Instanz in verfassungsrechtlich zulässiger Weise während des arbeitsrechtlichen Kampfes den Gegenstand der Auseinandersetzung an sich zieht, um ihn abschließend und unabdingbar zu regeln, der Arbeitskampf aber ohne Änderung der Zweckbestimmung fortdauert, weil die Kampfparteien in der gesetzlichen Regelung etwa einen unzulässigen Eingriff in die Tarifautonomie sehen.

Kaiser[64] ordnet auch diese Fallkonstellation dem politischen Streik zu und sieht eine Art „ius evocandi"[65] des Staates, wonach dieser berechtigt ist, die Materie zur Normierung an sich zu ziehen. Damit werde die Zuständigkeit der Sozialpartner zur selbständigen Regelung aufgehoben, womit auch das Streikrecht entfalle, weil die Sache durch die staatliche Intervention der Verfügungsmacht des Arbeitgebers entzogen sei. *Kaiser* nimmt so einen Adressatenwechsel an; der Streik richte sich nunmehr gegen die staatliche Instanz und daher sei ein politischer Streik zu bejahen.

Dieser Meinung wird zu Recht entgegengehalten, daß nach wie vor, trotz Entzugs der Regelungsbefugnis, der soziale Gegenspieler in diesem Fall Adressat des Arbeitskampfes bleibt[66]. Die Gegenmeinung über-

---

[62] Brox / Rüthers, S. 127.

[63] Hueck, RdA 1968, 430.

[64] Kaiser, S. 32/33.

[65] Es geht zurück auf den Codex Iuris Canonici, 1569; der Papst hatte danach kraft Unmittelbarkeit seiner Primatialgewalt das Recht, jederzeit jede Streit- o. Strafsache unter Außerachtlassung der Instanzenordnung an sich zu ziehen.

[66] Hueck / Nipperdey, Bd. II / 2. HB, S. 885 Anm. 10 a M und S. 1014.

sieht jedoch, daß der soziale Gegenspieler zur Regelung gar nicht mehr in der Lage ist. Es ist daher mit *Kaiser* und *Schmid*[67], der anhand des Kriteriums „gemeinwohlgebundener Realisierbarkeit" zum gleichen Ergebnis kommt, der Schutz des Art. 9 Abs. 3 Satz 3 GG zu versagen, weil sich der Streik nachträglich zu einem politischen entwickelt hat[68].

e) Ruinöser Arbeitskampf

Auch der ruinöse Arbeitskampf mit dem Ziel der wirtschaftlichen Vernichtung der Existenz des Kampfgegners steht nicht unter verfassungsrechtlichem Schutz[69]. Ein Streik mit dem Ziel der Ruinierung des Gegners ist ein Streik zur Vernichtung der eigenen Arbeitsplätze; ebenso würde die Aussperrung mit dem Zweck der wirtschaftlichen Existenzvernichtung der Arbeitnehmer die Vernichtung der eigenen Arbeitskräfte bedeuten. Gleiches gilt auch dann, wenn die Ruinierung des Gegenspielers nicht schon von Anbeginn des Kampfes an beabsichtigt ist, sondern erst durch die gestellten Forderungen droht. Es besteht nämlich eine Pflicht zur Beobachtung volkswirtschaftlicher Gesamtbelange, d. h. sowohl die kampfweise geltend gemachte Forderung wie die Intensität der Kampfführung müssen sich an den Maßstäben volkswirtschaftlicher Realisierbarkeit orientieren[70]. Droht die Vernichtung des sozialen Gegenspielers, so dient der Arbeitskampf nicht mehr der „Wahrung und Förderung der Arbeits- und Wirtschaftsbedingungen", womit der Schutz des Art. 9 Abs. 3 Satz 3 GG schon mangels Erfüllung dieser Tatbestandsvoraussetzung ausscheidet.

4. Problem des „Umschlagens" vom arbeitsrechtlichen in den politischen Arbeitskampf

In der Literatur stark umstritten ist die Lösung folgender Fallkonstellationen: Es wird ein Arbeitskampf wegen ausschließlich arbeitsrechtlicher Zwecke geführt; im Verlauf der Auseinandersetzung nimmt der Arbeitskampf einen so großen Umfang an (er wird zu einer bundesweiten Auseinandersetzung mit Bestreikung ganzer Industriezweige und dadurch ausgelöster Aussperrungen), daß er — ohne Hinzutreten weiterer Umstände — wegen seines Ausmaßes eine Gefahr für den Staat bedeutet. Oder: es wird ein Arbeitskampf — von gewissem Umfang — von verfassungsfeindlichen Kräften zu einem Umsturzversuch ausge-

---

[67] Diss. Schmid, S. 48.

[68] A. A. Hueck / Nipperdey, S. 885 Anm. 10 a a. E.

[69] Soweit es um den Ruin von Unternehmen geht, folgt deren Schutz aus Art. 14 GG. Dem korrespondiert der Schutz der Gewerkschaften vor Ruin aus Art. 9 Abs. 3 GG; vgl. Scholz, in: Maunz / Dürig / Herzog, GG, Art. 9 Rdnr. 372.

[70] Diss. Schmid, S. 53.

nützt, wodurch die Bundesrepublik oder die freiheitlich demokratische Grundordnung in Gefahr geraten.

Gemeinsam ist beiden Varianten, daß sie ungeachtet ihrer arbeitsrechtlichen Zielsetzung und ihres Ausgerichtetseins auf den sozialen Gegenspieler in eine echte Gefährdung gesamtwirtschaftlicher Belange ausarten.

Als 3. Variante denkbar ist der Fall, daß in einer schon bestehenden Notstandssituation oder in einem Katastrophenfall ein arbeitsrechtlicher Arbeitskampf durchgeführt wird[71].

Rüthers bezeichnet die 1. und 2. Variante als notstands*verursachende* Arbeitskämpfe oder auch „Notstand durch Arbeitskampf", die 3. Variante als notstands*verschärfenden* Arbeitskampf oder „Arbeitskampf im Notstand".

Zur Beantwortung dieser Frage haben sich in der Literatur im wesentlichen zwei gegensätzliche Meinungen herausgebildet: *Kaiser*[72] nimmt nicht schon wegen der Verknüpfung von Wirtschaft und Politik und der damit verbundenen politischen Nebenwirkungen jedes größeren Streiks an, daß jeder Streik größeren Ausmaßes aufgrund seiner Folgewirkungen in bezug auf die Interessen der Allgemeinheit in die Kategorie des politischen Streiks einzuordnen ist. Gefährde der arbeitsrechtliche Streik aber offensichtlich lebensnotwendige Belange der politischen Gemeinschaft, so werde er eo ipso zum politischen Streik. Wenn also etwa die Lähmung der Verteidigungskraft in Kauf genommen werde, oder wenn die Wahl des Zeitpunktes des Arbeitskampfes diesen zu einem so starken Druckmittel gegen Regierung und Parlament machen solle, oder wenn Ausmaß und Wirkung in keinem Verhältnis zum gegebenen Anlaß stünden, sei die Grenze zum politischen Streik überschritten. Zuständig für die Entscheidung über die Frage, ob der politische Charakter überwiege, sei die in freien und gleichen Wahlen berufene Repräsentation des souveränen Staatsvolkes, das Parlament, und allenfalls die Exekutive sowie die Gerichte im Rahmen ihrer Zuständigkeit[73].

Diesen Feststellungen stimmt *Rüthers*[74] im wesentlichen zu. Allerdings bleibt nach seiner Auffassung Adressat des ursprünglich rein arbeitsrechtlichen Arbeitskampfes, der zum politischen wird, durchaus die Arbeitgeberseite. Die Streikenden könnten mit vollem Recht behaupten, ihre Kampfabsicht richte sich ausschließlich gegen die Arbeitgeber. Nicht an den Hoheitsträger, sondern ausschließlich an die Arbeit-

71 Vgl. Beispiele bei Rüthers, DB 1968, 1948 (1951).
72 Kaiser, S. 30.
73 Kaiser, S. 32; Rüthers, Streik und Verfasung, S. 128/129.
74 Rüthers, Streik und Verfassung, S. 84.

geber sei der Kampf „adressiert". Gleichwohl handle es sich, wenn dadurch Lebensinteressen der Nation gefährdet würden, um einen politischen Streik. *Rüthers* kommt daher zu dem Schluß, daß die Bestimmung des politischen Streiks ausschließlich nach dem Adressaten unzureichend sei. Das Wesen des „Politischen" im Streik verwirkliche sich nicht wie sonst in der inneren Intention — von Anfang an politischer Streik als Druckmittel gegenüber dem Staat —, sondern in der äußeren Wirkung — Wandlung vom arbeitsrechtlichen zum politischen Streik.

Sämtliche Vertreter dieser Auffassung[75] bezeichnen diese Wirkung als ein „Umschlagen von der Quantität der Arbeitskampfwirkung in die Qualität der Arbeitskampfrichtung". Diese auf *Hegel*[76] zurückgehende Lehre wandten bereits die sozialistischen Theoretiker *Kautsky*[77] und *Bernstein*[78] an:

> „Eine Streikbewegung kann eine solche Bedeutung gewinnen, daß sie ein Übel nicht nur für die Beteiligten, sondern für die ganze Gesellschaft wird und dadurch den Staat zum Einschreiten auffordert. Damit bekommt sie politischen Charakter."

Für den „Umschlag" vom arbeitsrechtlichen in den politischen Arbeitskampf werden allerdings selbstverständliche politische Nebenwirkungen nicht als ausreichend betrachtet; vielmehr ist erforderlich, daß vom Streik eine Gefahr für die unabdingbaren Lebensinteressen der staatlichen Gemeinschaft ausgehen.

Schmid[79], der zum selben Ergebnis wie die oben genannten Meinungen kommt, stützt sich dagegen nicht auf die Theorie vom „Umschlagen", sondern versagt den Schutz des Art. 9 Abs. 3 Satz 3 GG deshalb, weil die Arbeitskampfparteien aus rechtlichen oder tatsächlichen Gründen zur Zweckverwirklichung nicht in der Lage sind.

Gegen diesen Weg der Problemlösung wenden sich insbesondere *Hueck / Nipperdey* und *Säcker*. *Hueck / Nipperdey*[80] sehen einen Verstoß gegen die Wertung des Art. 9 Abs. 3 Satz 3 GG, den wegen evidenter und grober Gemeinwohlschädlichkeit rechtswidrigen Arbeitskampf in einen politischen umzudeuten. Stelle man, was auch *Rüthers* (vgl. FN 74) tut, auf den Adressaten der Kampfmaßnahme als entscheidendes Abgrenzungskriterium ab, so sei es nicht gerechtfertigt, mit der „spek-

---

75 U. a. Lohse, S. 42 ff.; Bauer, DB 1968, 1535; Brox / Rüthers, S. 35; Evers, AöR 91, 193 (201 f.).

76 Hegel, Wissenschaft und Logik, I. Teil, Objektive Lage, Bd. IV., S. 457 ff., 1936.

77 Kautsky, Der politische Massenstreik, S. 11.

78 Bernstein, La grève et le Lock — out en Allemagne, S. 90.

79 Diss. Schmid, S. 51/52.

80 Hueck / Nipperdey, Bd. II / 2. HB, S. 884 FN 10 a.

takulären" Begründung eines „Umschlagens von Quantität in Qualität" nun jemand anderen zum Adressaten zu erheben als den, gegen den sich nach dem erklärten Willen der Kämpfenden die Kampfmaßnahme nach wie vor richtet. Denn bei Ausbruch des Streiks könne häufig trotz des eindeutig zum Ausdruck gebrachten Willens zunächst noch gar nicht beurteilt werden, ob der aufgrund seiner Zielsetzung zunächst rein arbeitsrechtliche Streik nicht allein wegen seiner Wirkung später ohne weiteres Zutun der Streikenden zu einem politischen würde. Die Folge wäre, daß die Arbeitnehmer sich später unter Umständen mit allen daraus resultierenden Folgen so behandeln lassen müßten, als ob sie den Staat zur Erfüllung ihrer Forderungen hätten unter Druck setzen lassen wollen, obwohl ihr Wille in Wirklichkeit nur darauf abzielt, ihren Arbeitgeber zur Verbesserung ihrer Arbeitsbedingungen zu zwingen. Auch *Säcker*[81] warnt vor der Versuchung, nachdem Art. 9 Abs. 3 Satz 3 GG nur von Koalitionen geführte Arbeitskämpfe zur Wahrung und Förderung von Arbeits- und Wirtschaftsbedingungen schützt und nicht auch den politischen Arbeitskampf, solche arbeitsrechtlichen Arbeitskämpfe, die unerwünscht sind oder als unerträglich empfunden werden, wegen ihrer Auswirkungen auf die Allgemeinheit in unzulässige politischen Arbeitskämpfe umzudeuten. Eine solche Umwertung sei verfassungsrechtlich unzulässig und verstoße gegen die in Art. 9 Abs. 3 Satz 3 GG klar niedergelegte strikte verfassungsrechtliche Wertung. Ein qualitatives „Umschlagen" eines arbeitsrechtlichen Arbeitskampfes wegen seiner negativen Folgen für die Allgemeinheit in einen politischen Arbeitskampf sei nicht möglich. Nicht der Grad der Auswirkungen auf die Allgemeinheit, sondern die unterschiedliche Kampfrichtung, der unterschiedliche Kampfadressat — hier Kampf gegen den Staat oder Dritte, dort Kampf gegen den sozialen Gegenspieler am Arbeitsmarkt — grenzt den politischen vom arbeitsrechtlichen Arbeitskampf ab[82].

Nur die von *Hueck / Nipperdey* und *Säcker* aufgezeigten Meinungen stimmen mit der in Art. 9 Abs. 3 Satz 3 GG getroffenen Wertung überein. Dies läßt sich aus der Entstehungsgeschichte ableiten: Schon seit der 3. Legislaturperiode (1957 - 1961) waren in den parlamentarischen Beratungen wiederholt die Befürchtungen dahingehend geäußert worden, daß die geplanten Notstandsbefugnisse der Exekutive von einer Bundesregierung dazu gebraucht oder mißbraucht werden könnten, unerwünschte arbeitsrechtliche Streiks zu beeinträchtigen Die SPD sah die Gefahr vor allem darin, daß man solche unerwünschten Kampfmaßnahmen wegen ihrer Auswirkungen als „politische" deklarieren werde, um dann mit Notstandsmaßnahmen gegen sie einzuschreiten. Gerade durch

[81] Säcker, S. 86/87.
[82] Säcker, S. 88.

die Arbeitskampfschutzklausel, die in der 5. Legislaturperiode zwischen CDU/CSU und SPD ausgehandelt wurde, sollte dieser Gefahr begegnet werden[83].

Bezogen auf die oben genannten drei Fallvarianten (vgl. IV. C. 4.) bedeutet dies: Auch dann, wenn die Auseinandersetzung zwischen den Parteien ein solches Ausmaß annimmt, daß allein dadurch eine akute Gefahr für den Staat entsteht, kann nicht durch Zuhilfenahme des Art. 9 Abs. 3 Satz 3 GG der rein arbeitsrechtliche Arbeitskampf mit Adressierung an den sozialen Gegenspieler zum „politischen" umfunktioniert werden, der nicht unter den Schutz des Art. 9 Abs. 3 Satz 3 GG fällt. Auch die in der 3. Variante genannte Konstellation berechtigt nicht dazu, die in Art. 9 Abs. 3 Satz 3 GG genannten Notstandsmaßnahmen zu ergreifen. Selbst wenn der Arbeitskampf notstandsverschärfende Auswirkungen hat, so kann nicht aus Art. 9 Abs. 3 Satz 3 GG die Umdeutung in das „Politische" dieses Kampfes gerechtfertigt werden. Es bleibt bei der Richtung des Kampfes allein gegen den sozialen Gegenspieler. Daß in den drei genannten Fällen entweder von Anfang an oder später über das eigentliche Kampfziel hinaus Auswirkungen auf die Allgemeinheit und den Staat hervorgehen, ist durchaus denkbar und eine nicht einfach zu bewältigende Folgewirkung. Art. 9 Abs. 3 Satz 3 GG mit dem „Dreh" des Umschlagens bietet jedoch nicht eine verfassungsrechtlich zulässige Lösung dieses Problems. Zudem würde dies, wäre man der Meinung von *Rüthers* und *Kaiser*, im Extremfall dazu führen, gegen sämtliche arbeitsrechtlichen Arbeitskämpfe, die allesamt immer auch politische Nebenwirkungen haben, Notstandsmaßnahmen einleiten zu können, nachdem man sie als „politische" angesehen und ihnen so den Schutz der Arbeitskampfschutzklausel entzogen hat. Im übrigen läßt sich nicht zuletzt auch aufgrund der Konnexität von Wirtschaft und Politik eine klare Grenzziehung zwischen beiden Formen des Arbeitskampfes nicht erreichen. Dabei ist auch zu berücksichtigen, daß die Kampfparteien es häufig nicht in der Hand haben, den Umfang des Arbeitskampfes einschränkend zu steuern. Dauer und Wirkung des Arbeitskampfes hängen nicht zuletzt auch vom Verhalten des sozialen Gegenspielers und dessen Bereitschaft zur Regelung bzw. Kompromißfindung in der anstehenden Frage ab. Die kämpfende Partei könnte damit schutzlos gestellt werden, wenn man seitens der Gegenpartei den Gegenstand des Kampfes bzw. das Ausmaß seiner Auswirkungen bis hin zur Staatsgefährdung ausufern lassen würde. Obwohl die kämpfende Partei ihr Verhalten und ihre Zielsetzung während des Kampfes nicht verändert, könnte, folgt man dem „Umschlagen", allein durch Verhalten der Gegenseite der Arbeitskampf damit zu einem „politi-

---

[83] Vgl. dazu Diss. Glückert, insbesondere S. 152.

schen" werden. Aus diesem Grunde ist auch der Begriff „Wahrung und Förderung der Arbeits- und Wirtschaftsbedingungen" subjektiv, also nach der Zielrichtung der kämpfenden Partei auszulegen. Ihr muß es darauf ankommen, mit ihrer Kampfmaßnahme die bestehenden Arbeitsverhältnisse zu wahren und zu verbessern. Ist das nach der subjektiven Überzeugung der Kämpfenden der Fall, kann auch eine mögliche objektiv negative Folgewirkung den Charakter des arbeitsrechtlichen Kampfes zur Wahrung und Förderung der Arbeits- und Wirtschaftsbedingungen nicht zerstören. Denn wie oben festgestellt, liegt die Entwicklung bzw. der Ausgang des Kampfes nicht allein bei der fordernden Partei, sondern auch bei der Gegenseite. Es wäre daher unbillig, für den Fall des Nichteintritts eines wahrenden oder fördernden Ergebnisses des Kampfes diesem den verfassungsrechtlichen Schutz wieder zu entziehen.

Aus allen diesen Gründen ist daher die Theorie vom „Umschlagen" abzulehnen, womit es beim Charakter des arbeitsrechtlichen Arbeitskampfes in den genannten Fällen verbleibt. Damit ist auch das Eingreifen von den Notstandssondervollmachten, die in Art. 9 Abs. 3 Satz 3 GG aufgezählt sind, verfassungsrechtlich unzulässig.

Eine Einschränkung ist allerdings in diesem Zusammenhang doch geboten: Betrifft der arbeitsrechtliche Arbeitskampf lebensnotwendige Betriebe (z. B. Krankenhäuser, Versorgungsbetriebe), so gebietet die Gemeinwohlbindung der Koalitionen, die auch während eines Arbeitskampfes besteht, zumindest einen die elementaren Lebensbedürfnisse der Bevölkerung sichernden Mindestbetrieb aufrechtzuerhalten. Wird diese Verpflichtung nicht erfüllt, so hat dies die Illegitimität des Kampfes zur Folge[84].

5. Schützt Art. 9 Abs. 3 Satz 3 GG nur rechtmäßige oder auch rechtswidrige Arbeitskämpfe?

Umstritten ist weiter die Frage, ob Art. 9 Abs. 3 Satz 3 GG im Notstand nur materiell rechtmäßige Arbeitskämpfe schützt, oder ob auch der rechtswidrige, illegale Arbeitskampf Schutzobjekt der Verfassungsnorm ist. Denn für das Eingreifen verfassungsrechtlichen Schutzes im Notstand sind die einzelnen Voraussetzungen nicht notwendig identisch mit den einzelnen materiellen Rechtmäßigkeitsvoraussetzungen. Dies bedeutet auch nicht, daß die Verschonung rechtswidriger Arbeitskämpfe vor Notstandsmaßnahmen gleichzeitig eine allgemeine verfassungsrechtliche Gewährleistung rechtswidriger Arbeitskämpfe beinhal-

---

[84] Hanau / Adomeit, Abschnitt C. III. 2., S. 70; Scholz, in: Maunz / Dürig / Herzog, GG, Art. 9 Rdnr. 350 spricht von Sozialpflichtigkeit der Koalitionen analog Art. 14 Abs. 2 Satz 2 GG.

tet, womit, wie *Rüthers*[85] meint, die Verfassung „die Instrumente zu ihrer Vernichtung" garantieren würde.

Hueck / Nipperdey[86] sehen in Art. 9 Abs. 3 Satz 3 GG ein Verbot, gegen jeden arbeitsrechtlichen Arbeitskampf mit Ausnahme des politischen und des Arbeitskampfes, der nicht von einer Vereinigung i. S. d. Art. 9 Abs. 3 Satz 3 GG geführt wird, vorzugehen. Sobald der Arbeitskampf arbeitsrechtlicher Natur sei, sei er von Art. 9 Abs. 3 Satz 3 GG geschützt, unabhängig davon, ob er rechtswidrig[87] oder rechtmäßig ist. Selbst gegen einen sozialinadäquaten[88] Arbeitskampf, der um die Wahrung und Förderung von Arbeits- und Wirtschaftsbedingungen geführt werde, dürfe nicht mit den in Art. 9 Abs. 3 Satz 3 GG bezeichneten Notstandsmaßnahmen vorgegangen werden.

Nachdem der Gesetzgeber die Formulierung „Arbeitskampf zur Wahrung und Förderung der Arbeits- und Wirtschaftsbedingungen, die von Vereinigungen i. S. d. Satzes 1 geführt werden" gewählt hat, läßt der Wortlaut der Verfassungsnorm diese Frage offen. Die Annahme, die Voraussetzungen für die Notstandsfestigkeit seien identisch mit denen der materiellen Rechtmäßigkeit, ist daher nicht zwingend. Gleichwohl nimmt die herrschende Lehre an, daß Art. 9 Abs. 3 Satz 3 GG nur rechtmäßige Arbeitskämpfe vor mißbräuchlicher Anwendung von Notstandssondervollmachten schützt. Aus der gleichzeitig daraus folgenden negativen Aussage, der rechtswidrige Arbeitskampf sei nicht Schutzobjekt des Art. 9 Abs. 3 Satz 3 GG, folgert *Schmid*[89] nicht, daß der rechtswidrige Arbeitskampf auch mit Notstandssondervollmachten bekämpft werden dürfe. Denn auch materiell rechtswidrige Arbeitskämpfe würden grund-

---

[85] Rüthers, DB 1968, 1948 (1949).

[86] Hueck / Nipperdey, Bd. II / 2. HB, S. 917; ebenso Säcker, S. 86/87 und S. 88; v. Barby, AuR 1967, 267 (270/271).

[87] Rechtswidrig ist der Arbeitskampf, wenn er entweder gegen spezielle Verhaltenspflichten oder gegen allgemeine, jedermann verpflichtende rechtliche Verhaltensvorschriften verstößt. Rechtswidrig sind daher die tarifwidrigen (sie verstoßen gegen relative oder erweiterte Friedenspflicht oder gegen die Tariferfüllungspflicht), amtswidrige (sie verstoßen gegen für Beamte und Richter geltendes Amtsrecht), betriebs- und personalverfassungswidrige, verbandswidrige, deliktische und strafgesetzliche Arbeitskämpfe; vgl. Hueck / Nipperdey, Bd. II / 2. HB, S. 978, 979.

[88] Der Arbeitskampf ist sozialinadäquat, wenn er in besonderem Mißverhältnis zu dem entstehenden Schaden steht, z. B. in lebenswichtigen Betrieben bei Verweigerung von Notarbeit (Krankenhäuser, Versorgungs- und Verkehrsbetriebe). Hier kann der Streik schon dann rechtswidrig werden, wenn die Streikleitung nicht für die Durchführung von Notarbeiten sorgt. Der sozialinadäquate Arbeitskampf verletzt das Recht des Kampfgegners auf freie berufliche und gewerbliche Betätigung als ein namentlich in Art. 2 Abs. 1, Art. 12 Abs. 1 und Art. 14 GG gegründetes, nicht expressis verbis formuliertes, in Form einer partiellen Generalklausel durch § 823 Abs. 1 BGB geschütztes „sonstiges Recht"; vgl. Hueck / Nipperdey, Bd. II / 2. HB, S. 1030 und Anm. 83; S. 1003.

sätzlich die Voraussetzungen für die Anwendung von Notstandssondervollmachten nicht erfüllen.

Der Lösung dieser Frage muß jedoch nicht weiter nachgegangen werden. Selbst wenn man mit *Hueck / Nipperdey* der Auffassung ist, daß Art. 9 Abs. 3 Satz 3 GG mangels ausdrücklicher Nennung des Tatbestandsmerkmals „rechtmäßig" auch rechtswidrige Arbeitskämpfe schützen will, so besteht Einigkeit darüber, daß dies nicht bedeutet, daß Arbeitskämpfe, die trotz arbeitsrechtlicher Zielsetzung und Ausgerichtetseins auf den sozialen Gegenspieler eine Gefahr für die Versorgung der Allgemeinheit mit lebensnotwendigen Gütern, eine Gefährdung der Verfassungsordnung oder eine Gefährdung der staatlichen Existenz darstellen, von der staatlichen Gemeinschaft unter allen Umständen uneingeschränkt oder unbeschränkbar hingenommen werden müssen. Denn auch die Arbeitskampffreiheit besteht nicht absolut innerhalb der Verfassungsordnung, d. h. auch sie ist den Schranken unterworfen, die für alle Grundrechte und Grundfreiheiten gelten. Die Inanspruchnahme von Grundrechten darf nicht die Existenz der staatlichen Gemeinschaft, die die Grundrechte und Grundfreiheiten erst gewährleistet und effektiv macht, in Frage stellen[90] (vgl. ausführlich dazu den 2. Teil der Arbeit).

6. Zielgerichtetheit von Notstandssondervollmachten

Abschließend sei noch etwas zur Tatbestandsvoraussetzung der Formel „sich gegen Arbeitskämpfe richten" bemerkt. Nach der herrschenden Lehre und Rechtsprechung des BVerfG[91] ist die Zielgerichtetheit von Notstandssondervollmachten dann zu bejahen, wenn sie aus Anlaß und ausschließlich wegen eines Arbeitskampfes ergriffen werden, ohne daß sie dem Schutz eines ohne Rücksicht auf einen bestimmten Arbeitskampf zu schützenden Rechtsgutes dienen, zum Schutze eines Gemeinschaftswertes, der gegenüber dem Arbeitskampf vorrangig ist. Demnach sind Arbeitskämpfe vor den Auswirkungen notstandsrechtlicher Maßnahmen dann nicht geschützt, wenn diese Maßnahmen auch ohne die vorliegenden Arbeitskämpfe ergriffen worden wären. Am Beispiel der Wehrpflichtigen, die den Antritt des Wehrdienstes nicht deshalb verweigern können, weil sie zur gleichen Zeit an einem Streik beteiligt sind, wird dies deutlich[92].

---

[89] Diss. Schmid, S. 80.

[90] Säcker, S. 100 ff., 124 f.

[91] BVerfG zu Art. 5 GG in E 7, 209 ff.; 12, 124 f.

[92] Hueck, RdA 1968, 430 (431).

D. Die in Art. 9 Abs. 3 Satz 3 GG aufgezählten Notstandsmaßnahmen

Erfüllt ein Arbeitskampf die unter IV. A - C genannten Voraussetzungen, so ist er gegen die folgenden Maßnahmen geschützt:

1. Art. 12 a GG

Art. 12 a enthält eine Aufzählung von Zwangsverpflichtungen im Verteidigungs- bzw. Spannungsfall als dessen Vorstufe, die bei Vorliegen der dort genannten Voraussetzungen zulässig sind. Die Arbeitskampfschutzklausel verbietet die Verpflichtung streikender oder ausgesperrter Arbeitnehmer zu dem Zweck, dadurch Druck auf die Beendigung des Arbeitskampfes auszuüben. Wären sie jedoch auch ohne Bestehen des Arbeitskampfes nach Art. 12 a GG verpflichtet worden, so ist die Verpflichtung zulässig, da sie nicht gegen den Arbeitskampf „gerichtet" ist (vgl. IV. C. 6.).

Der Ausschluß dieser Dienstverpflichtung ist vernünftig. Denn von der Sache her sind allgemeine Dienstverpflichtungen ungeeignete Maßnahmen, wenn die Arbeitnehmer sie nicht befolgen wollen. Zudem hätten sie auch noch den Nachteil, in politisch-psychologischer Hinsicht höchst ungünstig auf die Strenkenden, Gewerkschaften und auf den aus Arbeitnehmern bestehenden Teil der Gesamtbevölkerung zu wirken.

2. Art. 35 Abs. 2 und Abs. 3 GG

Abs. 2 des Art. 35 GG sieht vor, daß ein Land Polizeikräfte anderer Länder, Kräfte und Einrichtungen anderer Verwaltungen sowie des Bundesgrenzschutzes und der Streitkräfte zu Hilfe bei einer Naturkatastrophe oder bei einem besonders schweren Unglücksfall anfordern kann. Nach Abs. 3 kann die Bundesregierung, wenn das Unglück das Gebiet mehrerer Länder gefährdet, den Landesregierungen Weisungen über die Zurverfügungstellung von Polizeikräften erteilen und Einheiten des Bundesgrenzschutzes und der Streitkräfte zur Unterstützung der Polizei einsetzen. Die Maßnahmen setzen also das Vorliegen einer Naturkatastrophe (Abs. 2) oder eines besonders schweren Unglücksfalls (Abs. 3) voraus. Sie bilden zusammen mit dem Fall innerer Unruhen den Gesamtkomplex „innerer Notstand". Es handelt sich in beiden Fällen um unmittelbare sachbezogene Ursachen. Arbeitskämpfe können daher kaum die Voraussetzungen für die in Art. 35 Abs. 2 und 3 GG aufgezählten Maßnahmen erfüllen.

3. Art. 87 a Abs. 4 GG

Art. 87 a Abs. 4 GG behandelt den Fall drohender Gefahr für den Bestand oder die freiheitliche demokratische Grundordnung des Bundes oder eines Landes und gibt der Bundesregierung unter bestimmten Voraussetzungen das Recht, Streitkräfte zur Unterstützung der Polizei und des Bundesgrenzschutzes beim Schutz ziviler Objekte und bei der Bekämpfung organisierter und militärisch bewaffneter Aufständischer einzusetzen. Auch hier ist zweifelhaft, ob ein Arbeitskampf mit den Zielsetzungen des Art. 9 Abs. 3 Satz 3 GG diese Voraussetzungen erfüllen kann[93]. *Hueck*[94] sieht den Zweck des Ausschlusses dieser Bestimmung in Art. 9 Abs. 3 Satz 3 GG darin, eine ohnehin mißbräuchliche Benutzung des Art. 87 a Abs. 4 GG zur Bekämpfung legaler Arbeitskämpfe von vornherein auszuschließen.

4. Art. 91 GG

Auch Art. 91 GG erfordert eine drohende Gefahr für den Bestand oder die freiheitlich demokratische Grundordnung des Bundes oder eines Landes und bestimmt in diesen Fällen die Anforderung von Polizeikräften anderer Länder sowie von Kräften und Einrichtungen anderer Verwaltungen und des Bundesgrenzschutzes und ebenso Weisungen und Maßnahmen der Bundesregierung. Hinsichtlich des Zwecks des Ausschlusses dieser Bestimmung in Art. 9 Abs. 3 Satz 3 GG kann auf die Ausführungen unter IV. D. 3. verwiesen werden.

Zusammenfassend ist festzustellen, daß in der verfassungsrechtlichen Ausnahmelage des Notstandes, und zwar des äußeren (dazu gehört der Verteidigungs- und Spannungsfall) wie des inneren (Naturkatastrophe, schwere Unglücksfälle, drohende Gefahren für den Bestand des Bundes oder eines Landes sowie Gefahren für die freiheitlich demokratische Grundordnung[95]), kollektiv geführte Arbeitskämpfe zur Wahrung und Förderung der Arbeits- und Wirtschaftsbedingungen nicht mit den oben genannten Maßnahmen der Notstandsregelung bekämpft werden dürfen. Diese Arbeitskämpfe sind insoweit „notstandsverfassungsfest“[96]. Durch die vorangegangenen Überlegungen wurde der notstandsrechtliche Aussagegehalt des Art. 9 Abs. 3 Satz 3 GG hinsichtlich seines Normbereichs bestimmt. Hierbei ergaben sich Begriffsbegrenzungen aufgrund immanenter Schranken des Art. 9 Abs. 3 Satz 3 GG selbst, die das Wirkungsausmaß des Verfassungssatzes limitieren. Im Anschluß

---

93 So auch Scholz, in: Maunz / Dürig / Herzog, GG, Art. 9 Rdnr. 388.

94 Hueck, RdA 1968, 430 (431).

95 Doehring, S. 273.

96 Rüthers, DB 1968, 1948 (1950).

daran wurden die Maßnahmen charakterisiert, deren Anwendung im Notstand gegenüber Arbeitskämpfen, die die Voraussetzungen der Arbeitskampfschutzklausel erfüllen, ausgeschlossen ist.

Keine Aussage trifft Art. 9 Abs. 3 Satz 3 GG darüber, ob der Staat andere als die in der Arbeitskampfschutzklausel aufgezählten Maßnahmen ergreifen kann, wenn arbeitsrechtliche Arbeitskämpfe in der konkreten Situation zu einer Gefährdung der Versorgung der Allgemeinheit mit lebensnotwendigen Gütern oder zu einer Gefährdung der Verfassungsordnung führen. Der Verzicht auf die Schaffung eines Instrumentariums zur Einschränkung und Verhinderung von Arbeitskämpfen in inneren oder äußeren Notstandslagen ist Ergebnis des rechtspolitischen Hintergrundes, insbesondere des diesbezüglich erwarteten Widerstandes von Gegnern der Notstandsverfassung.

In der Literatur bestand und besteht überwiegend die Auffassung, *daß* die in Art. 9 Abs. 3 Satz 3 GG geschützten Arbeitskämpfe im Notstand nicht absolut, also uneinschränkbar bestehen können, d. h., daß Schranken existieren, die eine Ausuferung des Rechts bis hin zur Staatsgefährdung verhindern. *Benda*[97] hat schon im Jahre 1963 eindrücklich darauf hingewiesen, daß der Staat mit gesetzgeberischen oder anderen Maßnahmen regelnd und beschränkend in die Arbeitskampffreiheit eingreifen dürfe, wenn dies zur Abwehr von Gefahren für lebensnotwendige Belange der Allgemeinheit erforderlich sei. Dagegen vertraten insbesondere die Gewerkschaften den Standpunkt, der Staat und vor allem der Gesetzgeber dürfe auch nicht unter dem Gesichtspunkt der Wahrung des allgemeinen Wohls einschränkend in gewerkschaftliche Streiks zur Wahrung und Förderung von Arbeits- und Wirtschaftsbedingungen eingreifen. *Welche* diese Schranken sind, die in verfassungsrechtlich zulässiger Weise die Arbeitskampffreiheit im Notstand einschränken können, wurde in der Literatur bisher nicht eingehend erörtert. Der nachfolgende 2. Teil wird sich daher mit der Frage der Beschränkbarkeit des seinem Wortlaut nach unbeschränkbaren Art. 9 Abs. 3 Satz 3 GG beschäftigen.

---

[97] Benda, Notstandsverfassung und Arbeitskampf, S. 8 ff., 28 ff.

2. TEIL

Beschränkungsmöglichkeiten des Art. 9 Abs. 3 Satz 3 GG

I. Rechtsnatur der Grundrechtsnorm

Bevor die Frage der Einschränkungsmöglichkeiten des Art. 9 Abs. 3 Satz 3 GG behandelt werden kann, ist die Rechtsnatur des Art. 9 Abs. 3 Satz 3 GG zu klären.

Die h. M. sieht Art. 9 Abs. 3 GG als zentrale Verfassungsnorm des Arbeitskampfrechts, die das verfassungsgesetzliche Fundament der Arbeitgeber- und Arbeitnehmerverbände in der Bundesrepublik bildet[1].

Entgegen früherer Auffassung[2] besteht heute in der Literatur Einigkeit darüber, daß Art. 9 Abs. 3 Satz 3 GG ein rechtlich selbständiges Grundrecht ist; er garantiert als besondere Form der Vereinigungsfreiheit (lex specialis zu Art. 9 Abs. 1 GG) die Koalitionsfreiheit und stellt daher ebensowenig wie Art. 9 Abs. 1 GG einen reinen Programmsatz oder eine bloße Richtlinie für den Gesetzgeber dar. Diese Selbständigkeit ergibt sich im übrigen auch aus der *Weimarer Reichsverfassung:* Zwar war der Koalitionsfreiheit in Art. 159 WRV ein eigener Artikel gegenüber der Vereinsfreiheit des Art. 124 WRV gewidmet, weshalb man zu dem allerdings vorschnellen Schluß kommen könnte, aufgrund der Regelung in einem einzigen Artikel fehle die grundrechtliche Selbständigkeit. Dem nahezu identischen Wortlaut zwischen Art. 9 Abs. 3 GG und Art. 159 WRV dagegen ist ein Hinweis auf die Selbständigkeit des Art. 9 Abs. 3 GG zu entnehmen[3]. Diese ergibt sich auch aus der funktionellen Bedeutung des Art. 9 Abs. 3 GG im Verfassungssystem. Während Art. 9 Abs. 1 GG in erster Linie eine „staatsfreie Sphäre“ gewährleistet, wird durch die Verankerung des Koalitionsrechts im GG eine bestimmte Struktur des wirtschaftlich sozialen Integrationsprozesses festgelegt. Durch das Koalitionsrecht werden privatrechtlich organisierte Gesellschaftsgruppen als bestimmende Ordnungsfaktoren in die Wirtschafts- und Sozialordnung eingeführt. Das Koalitionsrecht ist ein funktionelles zweckgerichtetes Organisationsprinzip des Soziallebens

---

1 Brox / Rüthers, S. 30.

2 Ausführlich bei Rüthers, Streik und Verfassung, S. 26.

3 Rüthers, Streik und Verfassung, S. 27.

und unterscheidet sich damit wesentlich vom allgemeinen Vereinsrecht des Art. 9 Abs. 1 GG[4].

Einigkeit besteht weiter darin, daß Art. 9 Abs. 3 GG nicht nur dem einzelnen Arbeitgeber oder Arbeitnehmer das Recht zusichert, sich zur Wahrung und Förderung von Arbeits- und Wirtschaftsbedingungen in sozialen Koalitionen zusammenzuschließen (Art. 9 Abs. 3 GG als Grundrecht i. S. eines subjektiven öffentlichen Rechts, und zwar in Form eines „negativen Statusrechts" = Freiheit vom Staat); vielmehr gewährt Art. 9 Abs. 3 GG nach h. M. auch ein kollektives Freiheitsrecht (= Grundrecht der Koalition selbst) als Korrelat zum Individualrecht[5]. Denn das Freiheitsrecht des einzelnen zum Zusammenschluß kann nur dann wirksam geschützt werden, wenn auch der Zusammenschluß selbst, die Koalition, vom Schutz umfaßt ist. Art. 9 Abs. 3 GG stellt somit ein „Doppelgrundrecht" dar[6]. Diese Auffassung hat das BVerfG bereits im Urteil vom 18. 11. 1954[7] zum Ausdruck gebracht. In der Entscheidung wird festgestellt, daß Art. 9 Abs. 3 GG neben der Koalitionsfreiheit des einzelnen auch die Koalition als solche, d. h. in ihrer gesamten „koalitionsspezifischen" Betätigung schützt. Das BVerfG beruft sich bei dieser Auslegung auf das Bekenntnis des GG zum sozialen Rechtsstaat gemäß Art. 20 Abs. 1 und Art. 28 Abs. 1 GG. Diese Entscheidung schließe aus, ein Grundrecht, dessen Ausdehnung auf soziale Gemeinschaften sich bereits in der Weimarer Zeit angebahnt habe, ohne zwingenden Grund in seiner Wirksamkeit auf Einzelpersonen zu beschränken.

Die Koalitionsfreiheit enthält damit neben der Funktion als Abwehrrecht im status negativus gegenüber dem Staat auch eine besondere gesellschaftliche Konkretisierung des Sozialstaatsprinzips. Sie ist nicht nur liberales Freiheitsrecht, sondern auch soziales Schutzrecht, wenngleich nicht soziales Grundrecht, bzw. auf (staatliche) Leistung gerichtetes Teilhaberecht[8]. Nur so sind die Koalitionen imstande, ihre Existenz gegenüber möglichen Eingriffen selbständig zu behaupten (und zwar durch verwaltungsgerichtliche Klagen oder Verfassungsbeschwerden). Die Rechtfertigung dieses starken Schutzes der einzelnen Koalition folgt aus der doppelten verfassungssystematischen Intention des Art. 9 Abs. 3 GG als Garantie einer individuellen Freiheitssphäre und als Ordnungsprinzip des in der Verfassung angesprochenen Gesellschafts-

---

4 Ausführlich bei Rüthers, Streik und Verfassung, S. 28.

5 Scholz, in: Maunz / Dürig / Herzog, GG, Art. 9 Rdnr. 170.

6 Dagegen folgert Scholz, in: Maunz / Dürig / Herzog, GG, Art. 9 Rdnr. 240 die kollektivrechtliche Gewährleistung nicht aus Art. 9 Abs. 3 GG selbst, sondern aus Art. 9 Abs. 3 i. V. m. Art. 19 Abs. 3 GG.

7 1 BvR 629/52, abgedruckt in JZ 1955, 203 ff. = BAG AP Nr. 1 zu Art. 9 GG.

8 Scholz, in: Maunz / Dürig / Herzog, GG, Art. 9 Rdnr. 155.

bereiches. Auch die Annahme eines Gruppengrundrechts beruht somit auf der Doppelfunktion der Berufsverbände: mit dem Schutz der Entfaltungsfreiheit des einzelnen (Art. 2 GG) in Art. 9 Abs. 3 GG wird zugleich ein Ordnungsgefüge für ein bestimmtes Sozialgebiet geschaffen.

Uneinigkeit besteht in der Literatur jedoch darüber, in welchem Grade sich mit der Existenzgarantie der Koalitionen eine verfassungsgesetzliche Betätigungsgarantie verbindet, d. h., ob Art. 9 Abs. 3 GG also auch das Recht zur Durchführung von Arbeitskämpfen mit seiner Garantie umfaßt. Die unterschiedlichen Auffassungen zu dieser Frage beruhen auf der Tatsache, daß der Parlamentarische Rat ursprünglich die Aufnahme eines Absatz 4 in Art. 9 GG geplant hatte, der lauten sollte: „Das Recht der gemeinschaftlichen Arbeitseinstellung zur Wahrung und Förderung der Arbeits- und Wirtschaftsbedingungen wird anerkannt. Seine Ausübung wird durch Gesetz geregelt.“ Die Erwähnung der Möglichkeit, die Ausübung des Streikrechts durch Gesetz zu regeln (d. h. auch einzuschränken), führte zu Zweifeln, für welche Fälle eine solche gesetzliche Regelung möglich sein sollte. Daher wurde Abs. 4 gestrichen (vgl. dazu auch II.).

Zum Teil wird die Auffassung vertreten, Art. 9 Abs. 3 GG garantiere kein subjektiv öffentliches Recht auf Arbeitskampf[9]. Zur Begründung beruft man sich zum einen auf die Entstehungsgeschichte: Der Parlamentarische Rat habe einen Abs. 4 für erforderlich gehalten, um das Streikrecht zu garantieren. Er hielt es also vorher nicht für garantiert. Hätte er es als verfassungsgemäße Rechtsgarantie im GG verankern wollen, so hätte er es ausdrücklich und nicht nur inzidenter getan. Zum anderen spreche auch eine systematische Interpretation gegen ein subjektiv öffentliches Recht auf Arbeitskampf: Art. 9 Abs. 3 GG sei primär Individualgrundrecht (Gewährung der individuellen positiven und negativen Koalitionsfreiheit), sekundär Gruppengrundrecht (Schutz des Bestandes der Koalition, Recht auf spezifisch koalitionsgemäße Betätigung). Der Arbeitskampf diene als Mittel zur Erfüllung der Aufgaben der Vereinigungen, insbesondere im Bereich der Tarifautonomie. Dieses Mittel könne von seiner Rechtsqualität her nicht der individuellen oder kollektiven Koalitionsfreiheit gleichgestellt und als Grundrecht eingestuft werden. Auch der Garantieumfang des Koalitionsrechts sei von der im Parlamentarischen Rat beabsichtigten Arbeitskampfgarantie grundlegend verschieden. Letztlich wird diese Auffassung auch auf Art. 9 Abs. 3 Satz 3 GG gestützt: die Vorschrift bestimme, was nicht gegen Arbeitskämpfe unternommen werden dürfe, beinhalte also eine rein negative Aussage, aus der heraus eine Garantie der Arbeitskämpfe nicht anzunehmen sei[10].

---

[9] So etwa Brox / Rüthers, S. 35; Söllner, S. 76.

Vertreter der Gegenmeinung argumentieren wie folgt: Durch die Verfassungsänderung im Jahre 1968 habe der Gesetzgeber eine Vorschrift über den Arbeitskampf in den das Koalitionsrecht regelnden Art. 9 Abs. 3 GG eingefügt, womit er anerkannt habe, daß Arbeitskämpfe als Ausfluß des Koalitionsrechts anzusehen seien und daher auch verfassungsrechtlich zu schützen[11]. Vor der Verfassungsänderung habe ein unmittelbar auf einer Verfassungsgarantie beruhendes Arbeitskampfrecht nicht angenommen werden können. Seit der Verfassungsänderung, die bestimmt, daß Arbeitskämpfe auch durch die für den Staatsnotstand geltenden Spezialvorschriften nicht behindert werden dürfen, sei mit Hilfe des argumentum e contrario die Schlußfolgerung selbstverständlich, daß diese Garantien auch in der verfassungsrechtlichen Normallage bestehen müßten[12]. Indem das GG das Recht gewährleiste, Koalitionen zu bilden, habe es darin eingeschlossen auch das Recht der Koalition gewährleistet, sich zur Erreichung eines koalitionsgemäßen Zweckes koalitionsmäßiger Mittel zu bedienen[13]. Es sei widersinnig anzunehmen, der Verfassungsgesetzgeber wolle mit Art. 9 Abs. 3 Satz 3 GG in der Ausnahmesituation garantieren, was in der Normalsituation nicht existiert. Diese Auffassung geht auch aus der Begründung der Notstandsverfassung[14] hervor, in der es heißt:

> „Im übrigen verbleibt es bei der derzeitigen Verfassungslage, die nach Auffassung der Bundesregierung in Art. 9 Abs. 3 GG grundsätzlich die Freiheit der Arbeits- und Wirtschaftsbedingungen gewährleistet."

Aufgrund der übereinstimmend vertretenen Auffassung von Parlament und Regierung bei den Beratungen der Notstandsgesetzgebung darüber, daß Art. 9 Abs. 3 Satz 1 GG auch das Recht zum Arbeitskampf mitgewährleiste, ist der im Jahre 1968 neu eingefügte Satz 3 in die Bestimmung des Art. 9 Abs. 3 GG erst eingeordnet worden.

Daß auch das BVerfG ein grundrechtlich geschütztes Recht auf Arbeitskampf annimmt, geht aus der Entscheidung aus dem Jahre 1970[15] hervor. Darin wird festgestellt, daß Art. 9 Abs. 3 GG über den oben erwähnten Charakter als Individual- und Kollektivgrundrecht hinaus auch dem einzelnen das Recht gewährleistet, an der verfassungsrechtlich geschützten Koalitionstätigkeit teilzunehmen.

Der Meinung, die sich für ein Grundrecht auf Arbeitskampf in der Normallage wie im Notstand ausspricht, ist der Vorzug zu geben. Die

---

[10] v. Barby, AuR 1968, 267 (269).

[11] Hueck, RdA 1968, 430 (431); Scholz, in: Maunz / Dürig / Herzog, GG, Art. 9 Rdnr. 388.

[12] Doehring, S. 328; Brox / Rüthers, S. 37.

[13] BVerfGE 18, 18 (26).

[14] BT-Drucksache V / Nr. 1880, sog. Koalitionsentwurf.

Koalitionen können ihre wichtigste verfassungsrechtliche Aufgabe, die Wahrung und Förderung der Arbeits- und Wirtschaftsbedingungen ihrer Mitglieder durch den Abschluß von Tarifverträgen, nur verwirklichen, wenn sie in einer freiheitlichen marktwirtschaftlichen sozialen Ordnung, die die Zwangsschlichtung als ein Instrument der Beilegung kollektiver Regelungsstreitigkeiten ablehnt, ein Druckmittel in der Hand haben, mit dessen Hilfe sie die gegnerische Tarifpartei zum Abschluß des Tarifvertrages zwingen können. Die in Art. 9 Abs. 3 GG enthaltene Freiheit, Koalitionen zu bilden, die sowohl die institutionelle (Koalitionsbestands-)Garantie, also den Schutz der Koalition in ihrem Bestand gewährleistet, als auch eine funktionelle (Koalitionszweck-) Garantie, also die spezifisch koalitionsgemäße Tätigkeit beinhaltet[16], kann wirksam nur dann sein, wenn sie auch das Recht zum Arbeitskampf (Koalitionsmittel) garantiert, denn nur damit kann die Kampfpartei ihre Ziele durchsetzen, wenn der soziale Gegenspieler nicht zur Erfüllung der Forderung bereit ist[17]. Hierauf, auf Erreichung des gesteckten Zieles ist ihre Tätigkeit ausgerichtet. Den Mitgliedern der Koalition geht es nicht so sehr um den einmaligen und jedenfalls bei den etablierten Gewerkschaften und Arbeitgeberverbänden abgeschlossenen, in der Vergangenheit liegenden Vorgang der Gründung der Koalition, sondern um ihre jederzeit aktive Tätigkeit. Die Führung eines Arbeitskampfes ist zwar nicht eine begriffsnotwendige Betätigung der Koalition (eine Vereinigung der Arbeitnehmer, die in ihrer Satzung Streiks ausdrücklich ablehnt, verliert dadurch nicht ihre Eigenschaft als Koalition)[18], aber umgekehrt auch keine atypische Betätigung. Daher kann der Schutzbereich des Art. 9 Abs. 3 GG sinnvoll nur dahingehend verstanden werden, daß von ihm auch das Recht des einzelnen zum Arbeitskampf, das Art. 9 Abs. 3 Satz 3 GG auch im Notstand garantiert, umfaßt ist.

Daß darüber hinaus Art. 9 Abs. 3 GG auch eine institutionelle Seite zukommt, unter die etwa *Brox / Rüthers*[19] als Vertreter der erstgenannten Meinung die Garantie des Arbeitskampfes einordnen und nicht ein individuelles Recht des einzelnen auf Arbeitskampf anerkennen, widerspricht nicht der hier vertretenen Auffassung des grundrechtlich geschützten Rechts auf Arbeitskampf. Dies ist möglich, nachdem den Grundrechten nach allgemeiner Meinung ein Doppelcharakter zukommt: einerseits individualrechtlich als Verbürgung eines subjektiven

---

15 BVerfGE 28, 295 (304), bezugnehmend auf BVerfGE 19, 303 (312).

16 Hueck / Nipperdey, Bd. II / 2. HB, S. 915.

17 So auch v. Münch, JURA 1979, 25 (30 f.); vgl. auch Lerche, Verfassungsrechtliche Zentralfragen S. 34, insbesondere FN 119.

18 BVerfGE 18, 18 (27).

19 Brox / Rüthers, S. 37.

Rechts für einzelne Individuen oder Gruppen; andererseits beinhalten sie eine institutionelle Seite, nämlich die verfassungsrechtliche Gewährleistung freiheitlich geordneter und ausgestalteter Lebensbereiche, also eine „objektive" Ordnung. Diese „Janusköpfigkeit" (so *Häberle*) kennzeichnet ihr Wesen: beide, die individualrechtliche wie auch die institutionelle Seite, machen in ihrer Gesamtheit das Grundrecht aus. Sie verstärken sich gegenseitig und stehen in einer Wechselbeziehung, d. h. in einem Verhältnis der Gleichrangigkeit. Die Institutionalisierung der Grundrechte erzeugt kein Verblassen des institutionellen Freiheit, im Gegenteil bewirkt sie eine Stärkung der Freiheit[20].

Im Grundsätzlichen vertrat diese Auffassung das BVerfG schon im „Lüth-Urteil"[21], wonach im Grundrechtsabschnitt auch eine objektive Wertordnung enthalten sei, die eine prinzipielle Verstärkung der Geltungskraft der Grundrechte zum Ausdruck bringe. Dieses Wertsystem gelte für sämtliche Bereiche des Rechts und erteile Impulse und Richtlinien an Gesetzgebung, Verwaltung und Rechtsprechung.

Zusammenfassend ist damit festzustellen, daß der Arbeitskampfschutzklausel des Art. 9 Abs. 3 Satz 3 GG nach der hier vertretenen Auffassung der Charakter eines Grundrechts zukommt. Es soll daher im folgenden untersucht werden, welche Möglichkeiten die Verfassung zur Einschränkung von Grundrechten bietet, bzw. *ob* diese Einschränkungen und *in welchem Ausmaß* sie für die Arbeitskampfschutzklausel Geltung haben.

II. Grundrechtseinschränkung durch Verfassungsinterpretation

Verfassungsinterpretation wird in allen Fällen notwendig, in denen es um die Beantwortung verfassungsrechtlicher Fragen geht, deren Beantwortung anhand der Verfassung aber angesichts ihrer Weite und Offenheit nicht eindeutig möglich ist. Verfassungsinterpretation bedeutet also Konkretisierung des noch nicht klar und präzise feststellbaren Verfassungsinhalts unter Einbeziehung der Verhältnisse, die durch die Norm geordnet werden sollen[22]. Die Auslegung dient der Verfeinerung und Differenzierung der Verfassungsnormen durch Fortentwicklung und Zuendedenken der darin enthaltenen Wertanschauungen und Gedanken. Ihr Ziel ist die Sinnermittlung. Hierbei ist stets im Auge zu behalten, daß die einzelnen Verfassungsbestimmungen

---

20 Häberle, Wesensgehaltsgarantie, S. 70 ff.

21 BVerfGE 7, 198 Leitsatz 1 sowie S. 205.

22 Hesse, S. 25.

Ausdruck bestimmter rechtspolitischer Entscheidungen und Zielsetzungen sind[23]. Die Deklarierung der Verfassung als „politisches Gesetz" hat ihre Berechtigung deswegen, weil in ihr die grundlegenden, das Gemeinwesen in seiner Struktur prägenden, d. h.. lenkenden und ordnenden Entscheidungen festgelegt sind[24]. Ziel der Verfassungsinterpretation ist daher, die in Rechtssätze gekleideten politischen Vorentscheidungen zu enthüllen. Ihre Aufgabe ist es, das verfassungsmäßig „richtige" Ergebnis in einem rationalen und kontrollierbaren Verfahren zu finden und es rational und kontrollierbar zu begründen und auf diese Weise Rechtsgewißheit und Voraussehbarkeit zu schaffen[25]. Durch die juristische Interpretation wird damit der Verknüpfungsvorgang zwischen Politik und Recht im konkreten Fall aufgedeckt und es wird festgestellt, welche politischen Entscheidungen in Rechtssätze eingebettet und damit allgemeinverbindlich geworden und welche außerhalb dieses Transformationsvorgangs geblieben sind. Die Bedeutsamkeit solcher politischen Absichten und Werturteile hängt freilich davon ab, ob sie überhaupt und bejahendenfalls in welchem Ausmaß sie in die Verfassung Eingang gefunden haben. Bei der Verfassungsauslegung ist daher die politische Entwicklung des Staatswesens wie auch der Anlaß für die Schaffung der Verfassungsnorm zu berücksichtigen[26].

Ihre Grenze findet diese Aufgabe der Wissenschaft dort, wo das Terrain zulässiger Auslegung verlassen und der Boden eigener Wertanschauungen und Wünsche betreten wird, wo also starke Motive der Interpretation durch die Macht politischer Notwendigkeiten zurückgedrängt oder gar überwunden werden[27], wo keine verbindliche Setzung der Verfassung vorhanden ist, wo die Möglichkeiten eines sinnvollen Normverständnisses des Normtextes enden oder wo eine Lösung in eindeutigen Widerspruch zum Normtext treten würde[28].

Wie bereits im 1. Teil der Untersuchung dargestellt wurde, begnügt sich Art. 9 Abs. 3 Satz 3 GG mit der Feststellung, daß bestimmte, in der Norm genannte Notstandsmaßnahmen auf den im Rahmen des Art. 9 Abs. 3 Satz 3 GG geführten Arbeitskampf nicht anwendbar sind. Diese Grundrechtsnorm stellt damit eine Grundsatznorm dar. Ob gleichwohl im Notstand auch dieses Grundrecht auf Arbeitskampf anderen Maßnahmen unterworfen werden kann, die seine Ausübung einschränken, bleibt nach dem Wortlaut der Verfassungsnorm offen.

---

23 Ossenbühl, DÖV 1965, 649 (650).

24 Ossenbühl, DÖV 1965, 649 (651).

25 Hesse, S. 21.

26 Ossenbühl, DÖV 1965, 649 (651).

27 Ossenbühl, DÖV 1965, 649 (651).

28 Hesse, S. 30.

Die in Art. 9 Abs. 3 Satz 3 GG enthaltenen Prinzipien bedürfen daher der Konkretisierung und Präzisierung ihres Inhalts, also der Verfassungsinterpretation, um die zur Entscheidung anstehende Frage der Beschränkungsmöglichkeiten beantworten, bzw. um die Grenzen dieses Freiheitsrechts bestimmen zu können.

Nachdem die grundrechtlichen Freiheitsgewährleistungen durch die Verfassung garantiert sind, können auch die Grenzen dieser Gewährleistungen selbst nur aus der Verfassung gezogen werden[29]. Hierbei ist zwar auch ein Zurückgreifen auf ungeschriebene Grundrechtsbegrenzungen möglich. Allerdings ist insoweit der Nachweis erforderlich, daß es sich um Begrenzungen ungeschriebenen Verfassungsrechts handelt[30], die nicht mit der constitutio scripta in Widerspruch treten. Dies gilt auch für die unbeschränkbar gewährleisteten Grundrechte; auch ihre Grenzen resultieren aus der Verfassung selbst und den aus ihr entwickelten ungeschriebenen Verfassungsprinzipien.

Als ein herausragendes Prinzip der Verfassungsauslegung ist in Literatur und Rechtsprechung das „Prinzip der Einheit der Verfassung" anerkannt. Es besagt, daß aufgrund des Zusammenhangs und der Interdependenz der einzelnen Elemente der Verfassung die Notwendigkeit besteht, niemals nur die einzelnen Normen, sondern immer auch den Gesamtzusammenhang zu sehen, in den sie zu stellen sind. Die Verfassung wird demnach als „in sich geschlossenes, harmonisches Ganzes" betrachtet, weshalb alle Verfassungsbestimmungen so zu interpretieren sind, daß Widersprüche zu anderen Verfassungsnormen vermieden werden[31]. Aus der Fülle von Einzelrechtssätzen, die das Verfassungsleben immer nur partiell ergreifen, ist ein geschlossenes Verfassungssystem zu entwickeln; die Einzelrechtssätze sind zu integrieren und zu harmonisieren. Die Verfassungsgesetzgebung ist nicht die Auswahl vorgegebener konfektionierter Staatsmodelle, sondern ein Ringen um den Ausgleich und die richtigen Relationssetzungen divergierender, ideologischer, wirtschaftlicher, konfessioneller und politischer Strömungen und Auffassungen[32]. Nur eine solche Problemlösung entspricht dem Prinzip der Einheit der Verfassung, die sich im Einklang mit den Grundentscheidungen der Verfassung und frei von einseitiger Beschränkung auf Teilaspekte hält[33], mithin dem aus der Verfassung entnehmbaren Gesamtbild gerecht wird. *Ossenbühl*[34] sieht

[29] Schnapp, JUS 1978, 729; BVerfGE 30, 173 (193) im Anschluß an BVerfGE 28, 243 (261); Hesse, S. 131; Müller, Positivität der Grundrechte, S. 55.

[30] Hesse, S. 131.

[31] Ossenbühl, DÖV 1965, 649; Hesse, S. 28.

[32] Ossenbühl, DÖV 1965, 649 (655).

[33] Hesse, S. 28.

[34] Ossenbühl, DÖV 1965, 649 (655).

in diesem Prinzip eine Interpretationsrichtlinie und die Aufgabe für Rechtsprechung und Lehre, die naturgegebenen Spannungsverhältnisse in das richtige Maß zu bringen, d. h. die einander widerstreitenden Prinzipien und Normen des GG in ihrer Bedeutung und ihrem Gewicht zu erkennen und die sich überlagernden Wirkungsfelder nach beiden Seiten einzuengen. Dabei muß stets geprüft werden, ob die Reichweite der kollidierenden Vorschrift nicht durch andere Grundgesetznormen zurückgedrängt wird, die sich auf die in Betracht stehende Maßnahme oder Institution beziehen.

In engem Zusammenhang hiermit steht auch das „Prinzip praktischer Konkordanz". Danach müssen verfassungsrechtlich geschützte Rechtsgüter in der Problemlösung einander so zugeordnet werden, daß jedes von ihnen Wirklichkeit gewinnt. Entstehen Kollisionen, darf nicht in vorschneller „Güterabwägung" oder in abstrakter „Wertabwägung" das eine Rechtsgut auf Kosten des anderen realisiert werden[35]. Vielmehr stellt das Prinzip die Aufgabe der Optimierung: Beiden Gütern müssen diejenigen Grenzen gezogen werden, die beide zu optimaler Wirksamkeit bringen. Die Grenzziehungen müssen daher verhältnismäßig sein, d. h. sie dürfen nicht weiterreichen als notwendig, um die „Konkordanz" beider Rechtsgüter herzustellen[36].

Hierbei kommt auch die normative Kraft der Verfassung als Maßstab der Verfassungsinterpretation zum Tragen. Da die Verfassung aktualisiert werden will, die geschichtlichen Möglichkeiten und Bedingungen dieser Aktualisierung sich aber wandeln, ist bei der Lösung verfassungsrechtlicher Probleme denjenigen Gesichtspunkten der Vorzug zu geben, die unter den jeweiligen gesellschaftlichen und politischen Voraussetzungen den Normen der Verfassung zu optimaler Wirkungskraft verhelfen, wobei hier allerdings ständig der Blick auf die Folgen gerichtet sein muß[37].

Zusammenfassend ist festzustellen, daß Art. 9 Abs. 3 Satz 3 GG näherer Konkretisierung seines Sinns und Zwecks durch Verfassungsinterpretation bedarf; hierbei sind das Rechtsgut „Recht auf Arbeitskampf im Notstand" des einzelnen oder der kämpfenden Gruppe und die ihm gegenüberstehenden Rechtsgüter der Allgemeinheit entsprechend dem Prinzip praktischer Konkordanz und dem Prinzip der Einheit der Verfassung zu harmonisieren und jedem ist zu optimaler Wirkungskraft zu verhelfen.

---

[35] Hesse, S. 28.

[36] Hesse, S. 28/29.

[37] Hesse, S. 30; Ossenbühl, DÖV 1965, 649 (660).

III. Verfassungsrechtliche Beschränkungsmöglichkeiten

A. Erforderlichkeit der Beschränkung vorbehaltlos und schrankenlos gewährleisteter Grundrechte im allgemeinen

Gemäß Art. 19 Abs. 1 Satz 1 GG ist eine Einschränkung von Grundrechten nur unter der Voraussetzung zulässig, daß das GG selbst dazu ermächtigt und der Wesensgehalt der Grundrechte dadurch nicht beeinträchtigt wird (vgl. Art. 19 Abs. 2 GG).

Art und Umfang der Einschränkungsmöglichkeiten sind durch ein auf das jeweilige Einzelgrundrecht bezogenes System von Ausgestaltungs-, Regelungs- und Eingriffsvorbehalten festgelegt. In der Literatur wird über die Aussagekraft dieses Systems gestritten; es wird zum Teil als subtiles, ausgefeiltes System angesehen, zum Teil wird es als „Schrankenwirrwarr" völlig abgelehnt[38].

Das GG beinhaltet Grundrechte, die eine beinahe unbegrenzte Ausgestaltungskompetenz des Gesetzgebers enthalten, wie etwa Art. 14 Abs. 1 Satz 2 GG. Seine Differenzierung in den Einschränkungsmöglichkeiten reicht jedoch andererseits bis hin zu der nach dem Wortlaut des Grundrechts völligen Unbeschränkbarkeit, wie etwa in Art. 4 Abs. 1, 5 Abs. 3 GG. Ein Generalvorbehalt der Grundrechte zugunsten der öffentlichen Sicherheit, Sittlichkeit und Gesundheit entsprechend dem Vorschlag des *Herrenchiemsee-Konvents*[39] wurde vom Verfassungsgeber nicht in das GG aufgenommen.

Auch Art. 9 Abs. 3 Satz 3 GG, dessen Beschränkungsmöglichkeit seinem Text nicht entnommen werden kann, zählt zu den ihrem Wortlaut nach unbeschränkbaren Grundrechten. Aus der Tatsache der formellen Schrankenlosigkeit, aus diesem Schweigen, das eine „ausdrückliche" Entscheidung des Grundgesetzes gegen eine staatliche Gestaltungskompetenz darstellt[40], könnte man geneigt sein anzunehmen, daß die nach außen unbeschränkbaren Grundrechte ein materielles Schrankenprivileg für sich beanspruchen können, d. h. also die absolute Unbegrenztheit und materielle Unbeschränkbarkeit.

---

[38] Für die letztgenannte Meinung etwa Bettermann, Grenzen der Grundrechte, S. 3.

[39] Art. 21 Abs. 3 und 4 des Herrenchiemsee-Entwurfs von 1948; darin heißt es:
Abs. 3: Die Grundrechte sind, soweit sich aus ihrem Inhalt nichts anderes ergibt, im Rahmen der allgemeinen Rechtsordnung zu verstehen.
Abs. 4: Eine Einschränkung ist nur durch Gesetz und unter den Voraussetzungen zulässig, daß es die öffentliche Sicherheit, Sittlichkeit oder Gesundheit zwingend erfordert.

[40] So etwa Berg, Konkurrenzen, S. 10.

Unbestritten ist, daß die Unterschiedlichkeit der Beschränkungsvorbehalte in Art und Ausmaß von Bedeutung ist für den Schutz des jeweiligen Grundrechts. Aus der Abstufung der Einschränkungsmöglichkeiten der Grundrechte resultiert eine Differenzierung in der Intensität des Schutzes der einzelnen Grundrechte[41]. Fehlt ein Gesetzesvorbehalt, so bedeutet dies allerdings nicht ohne weiteres eine erhöhte Schutzwürdigkeit des gewährleisteten Rechts. Vielmehr besteht hinsichtlich der formell schrankenlosen Grundrechte Einigkeit im Schrifttum, daß auch ihrer prinzipiellen Schrankenfreiheit gewichtige Einschränkungen unter dem Aspekt der Einheit der Verfassung auferlegt werden müssen. Dies deshalb, damit die völlig unbeschränkte und formell unbeschränkbare Ausübung von Grundrechten nicht das gesamte Staats- und Gesellschaftsleben in ein Chaos führt und damit zerstörerisch wirken würde[42]. Schon die Rechtsqualität vorbehaltlos garantierter Grundrechte schließt ihre Grenzenlosigkeit aus, die nur bei einer Exemtion von der Rechtsordnung denkbar wäre. Unbeschränkbaren Grundrechten kann nur solange das Privileg der Unbeschränkbarkeit und Unbeschränktheit durch die Rechtsordnung zuerkannt werden, als man ihren Entfaltungsspielraum strikt auf den personeninternen Bereich beschränkt, auf das „forum internum". Sobald die Ausübung der Freiheiten „Sozialkontakt" und „Außenwirkung" mit sich bringt, ist die Frage der Begrenzung bzw. der Schrankenziehung gestellt[43]. Sobald also der Gegenstand der Freiheit ein zwischenmenschliches Verhalten ist, sobald es darum geht, was der Bürger gegenüber seinen Mitbürgern, der Gesellschaft oder dem Staat darf, sobald also das „forum internum", die Induvidualsphäre überschritten ist, sind Einschränkungen unerläßlich, um die gleiche Freiheit aller zu gewährleisten. *Bettermann* spricht in diesem Zusammenhang von dem Ziel der „angemessenen Bedeckung der nackten Grundrechte"[44]. In einem Rechts- und Sozialstaat kann es keine unbeschränkten Grundrechte geben, weil deren Auswirkungen freiheitsbeschränkend zu Lasten der anderen Grundrechtsträger wirken würden und damit zumindest ein Verstoß gegen den Gleichheitssatz vorläge. Freiheitsbeschränkungen motivieren sich daher aus zwei Hauptgründen und haben als Ziel zwei Hauptrichtungen: sie schützen entweder andere Freiheitsträger oder die Interessen der Allgemeinheit.

Wie das BVerfG in einer Entscheidung aus dem Jahre 1970[45] zutreffend konstatiert hat, hat sich das GG im Spannungsverhältnis

[41] Vgl. Hesse, S. 134; Wendt, AöR 104, 415 (424).

[42] Doehring, S. 168.

[43] Wendt, AöR 104, 415 (431).

[44] Bettermann, Grenzen der Grundrechte, S. 9.

[45] BVerfGE 28, 243 (260, 261); ebenso E 39, 334 (366 f.); 30, 1 (20).

zwischen Individual- und Gemeinschaftsinteressen im Sinne der „Gemeinschaftsbezogenheit und Gemeinschaftsgebundenheit der Person" entschieden, ohne dabei deren Eigenwert anzutasten. Dem GG liegt damit nicht das Menschenbild eines isolierten, souveränen Individuums zugrunde. Die Grundrechte sind vielmehr Menschen eingeräumt, die in einer sozialen Gemeinschaft als eigenverantwortliche Persönlichkeit leben, der sie vielfältig verpflichtet sind. Die in den Grundrechten enthaltenen Freiheiten können daher nur als begrenzte, sozial gebundene Freiheiten gedacht werden[46].

So ergibt sich, daß auch die Einbeziehung vorbehaltloser Freiheitspositionen in die Ordnung des sozialen Ganzen unausweichlich ist. Auch ohne Vorbehalte gewährte Freiheitsrechte müssen im Rahmen gemeinschaftsgebundener Verantwortung gesehen werden. Ihre Inanspruchnahme kann nicht grenzenlos sein. Sie finden ihre Begrenzungen aus der gebotenen Rücksicht auf die Einheit der Verfassung und der von ihr geschützten gesamten Wertordnung. *Bethge*[47] betrachtet daher das grundrechtstheoretische Modell vorbehaltsfrei gewährleisteter Freiheitsrechte als für die Rechtspraxis „irreales Zerrbild". Durch die praktische Erfahrung, daß auch diese Sozialbeziehungen nicht aus der Rechtsordnung ausgeklammert werden könnten, sei dieses Modell falsifiziert worden.

Die Grenzen dieser Freiheitsrechte dürfen allerdings nach dem Grundsatz der Einheit der Verfassung nur von der Verfassung selbst, d. h. nur durch andere Bestimmungen des GG gezogen werden. Der fehlende Gesetzesvorbehalt kann nicht durch allgemeine metapositive oder überpositive Erwägungen ersetzt werden. Es hat bei den grundrechtsimmanenten und den durch die Verfassung gezogenen Grenzen sein Bewenden[48]. Danach sind nur „kollidierende Grundrechte Dritter und mit Verfassungsrang ausgestattete andere Rechtswerte ... mit Rücksicht auf die Einheit der Verfassung und die von ihr geschützte gesamte Wertordnung ausnahmsweise imstande, auch uneinschränkbare Grundrechte in einzelnen Beziehungen zu begrenzen"[49]. „Der Einzelne muß sich diejenigen Schranken seiner Handlungsfreiheit gefallen lassen, die der Gesetzgeber zur Pflege und Förderung des sozialen Zusammenlebens in den Grenzen des bei dem gegebenen Sachverhalt allgemein Zumutbaren zieht, vorausgesetzt, daß dabei die Eigenständigkeit der Person gewahrt bleibt[50]."

---

[46] BVerfGE 33, 1 (10); 32, 98 (107/108).

[47] Bethge, S. 263, 260.

[48] So BVerfGE 32, 98 (107/108); 30, 173 (193); 33, 23 (29); 44, 37 (50); Müller, Positivität der Grundrechte, S. 55; Hesse, S. 134.

[49] BVerfGE 28, 243 (260 f.).

[50] BVerfGE 39, 334 (367).

Mit dieser Aussage läßt sich sogleich auch die Aufgabe der Begrenzung von Grundrechten umschreiben: sie besteht darin, die durch die Freiheitsrechte gewährleisteten Lebensverhältnisse einander zuzuordnen, einen Ordnungszusammenhang herzustellen und zu erhalten, in dem sowohl die grundrechtlichen Freiheiten als auch die anderen Rechtsgüter Wirklichkeit gewinnen. Überschneiden sich Bestimmungen, die beide schützen, in ihrer sachlichen Reichweite und kollidieren sie miteinander, so ist Grundrechtsbegrenzung Herstellung praktischer Konkordanz[51], die darauf abzielt, beide zu optimaler Wirksamkeit gelangen zu lassen. Diese Verhältnisbestimmung darf nie so erfolgen, daß eine grundrechtliche Gewährleistung mehr als notwendig oder gar vollständig eingeschränkt wird.

Bei der Grundrechtseinschränkung muß darüber hinaus auch dem besonderen Gehalt und der besonderen Bedeutung der jeweiligen grundrechtlichen Gewährleistung Rechnung getragen werden. Es bedarf daher der Klärung und Bestimmung des spezifischen Schutzgehalts des Freiheitsrechts[52]. Dieser äußert sich vor allem in der spezifischen Funktion, die dem Grundrecht im Gesamtgefüge der Freiheitsrechte zukommt. Hierin schlagen sich die Zwecke nieder, die das GG mit der Einrichtung der grundrechtlichen Gewährleistung verbindet. Stellt man auf die Funktion des Grundrechts ab, so bedeutet dies aber auch, daß sich der Schutzumfang eines Grundrechts nur bestimmen läßt, wenn man die Gegebenheiten der sozialen Umwelt in die Bestimmung miteinbezieht. Ein Wandel dieser Gegebenheiten hat daher auch immer Auswirkungen auf den Schutzumfang. So hat auch das BVerfG im „Mitbestimmungsurteil“ hinsichtlich der von Art. 9 Abs. 3 GG gewährten Koalitionsfreiheit ausgeführt, daß „der Gegenstand der Gewährleistung auf sich wandelnde wirtschaftliche und soziale Bedingungen bezogen“ sei, „die mehr als bei anderen Freiheitsrechten die Möglichkeit zu Modifikation und Fortentwicklung lassen“ müßten[53].

Im Ergebnis ist damit festzuhalten, daß in Rechtsprechung und Literatur inzwischen Einigkeit insoweit besteht, als eine Beschränkbarkeit auch vorbehaltlos garantierter Grundrechte nicht nur bejaht wird, wielmehr zur Sicherung des Staatsgefüges und zur Aufrechterhaltung der Rechtsordnung, insbesondere zur Erhaltung der Freiheitsrechte für jeden einzelnen Bürger als unerläßlich erachtet wird. Das eigentliche Problem liegt daher nicht mehr in der Frage, ob diese Grundrechte denn eingrenzbar sind, sondern vielmehr darin, wie solche Grundrechtsschranken im einzelnen zu begründen sind und

---

[51] Hesse, S. 134, 135.

[52] Wendt, AöR 104, 415 (439).

[53] BVerfG, EuGRZ 1979, 121 (141).

wieweit diese Schranken reichen. Auf diese Frage bezieht sich die Untersuchung der folgenden Abschnitte III. C. und D.; sie soll in bezug auf Art. 9 Abs. 3 Satz 3 GG vorgenommen werden.

B. Beschränkungsbedürfnis des Art. 9 Abs. 3 Satz 3 GG im besonderen

Wie bereits im 2. Teil III. A. erörtert wurde, sind Einschränkungen auch (und erst recht) vorbehaltsfreier Freiheitsrechte dann unverzichtbar, wenn es um zwischenmenschliches Verhalten geht, also darum, was der Bürger gegenüber seinen Mitbürgern, der Gesellschaft oder dem Staat tun darf. Das soll am Beispiel der Arbeitskampfschutzklausel und den daraus resultierenden denkbaren Folgewirkungen verdeutlicht werden.

Betrachtet man den Wortlaut des Art. 9 Abs. 3 Satz 3 GG, so erweckt eine unbefangene Betrachtung den Eindruck, arbeitsrechtliche Arbeitskämpfe seien im Notstandsfall (wie auch in der verfassungsrechtlichen Normallage) unter den von der Literatur und Rechtsprechung entwickelten Rechtmäßigkeitsvoraussetzungen in beliebigem Umfang zulässig. Das hätte zur Konsequenz, daß es dem Staat verwehrt wäre, im Fall des inneren oder äußeren Notstandes Maßnahmen zu deren Abwendung zu ergreifen, wodurch das Recht des einzelnen auf Arbeitskampf beeinträchtigt oder geschmälert werden könnte.

Mag die Vorstellung, daß im Verteidigungsfall unter der Drohung eines totalen oder nuklearen Krieges Arbeitskämpfe zur Wahrung und Förderung von Arbeits- und Wirtschaftsbedingungen durchgeführt werden, einigen Autoren[54] auch irreal erscheinen, so ist diese Konstellation gleichwohl vorstellbar und sollte nicht schlechthin ohne Lösungsversuch des dann auftretenden Konfliktes unbeachtet bleiben. Die in Teil 1 unter Abschnitt IV. C. 4. erwähnten Beispiele vergegenwärtigen doch gerade, daß ein Zusammentreffen von Arbeitskampf und Notstand nicht so unrealistisch ist, wie dies etwa *v. Münch*[55] meint.

Wie *Benda*[56] zutreffend bemerkt hat, besteht die Aufgabe unseres demokratischen Rechtsstaates nicht nur darin, den Bürger vor Gesetzesbrechern oder äußeren Feinden zu schützen. Er setzt vielmehr auch die Teilnahme und Mitarbeit aller Bürger und ihren persönlichen Einsatz voraus, was für den einzelnen auch Opfer bedeuten kann. Zwar ist wesentliche Staatsaufgabe der Schutz der individuellen Freiheitsrechte, weshalb der Staat sich nicht einfach über Einzelinteressen

---

[54] Etwa v. Münch, in: GG-Kommentar, Art. 9 Rdnr. 63; Benda, Notstandsverfassung, S. 103.

[55] v. Münch, in: GG-Kommentar, Art. 9 Rdnr. 63.

[56] Benda, Notstandsverfassung, S. 10.

hinwegsetzen kann, wenn er auch noch so bedeutsame Ziele verfolgt. Gerät jedoch, wie etwa im Fall des äußeren Notstandes durch kriegerische Angriffe, die Existenz der gesamten Nation in Gefahr, müssen sich alle zur Verfügung stehenden Kräfte zusammentun, um die Bedrohung abzuwehren. Denn nur dann, wenn der Staat noch besteht und frei ist, sind dies auch seine Bürger, da die staatsbürgerlichen Freiheiten von der Staatsfreiheit abhängen. Daß dieses Zusammenwirken aller Kräfte mit dem Ziel der Erhaltung der Nation ein Zurücktreten und eine Beschränkung an sich berechtigter Einzelinteressen mit sich bringt, ist unausweichliche und zwangsläufige Folge. Die beschränkende Auswirkung tritt jedoch nur solange auf, bis die Gefahr für den Staat beseitigt ist. Sie ist daher zeitlich beschränktes und notwendiges Durchgangsstadium des für die Wiederherstellung des vor Eintritt der Gefährdung bestehenden Zustandes. Von der militärischen Verteidigung, den Soldaten, von denen im äußeren Notstand der vollständige Einsatz unter Aufbietung aller Kräfte verlangt wird, kann dies nur erwartet werden, wenn sichergestellt ist, daß die Gesamtheit der zivilen Bevölkerung bereit ist, die militärischen, auf Verteidigung gerichteten Bemühungen durch eigene größtmögliche Anstrengungen zu unterstützen und damit zumindest auf Teile der ihr in der Normallage zustehenden individuellen Freiheiten zu verzichten. Dem Gemeinwohl muß in einer solchen Situation entscheidender Vorrang vor der Freiheit des einzelnen eingeräumt werden. Der militärische wie auch der zivile Bedarf, die Versorgung mit Verteidigungsmitteln wie auch mit den für die unmittelbare Existenz der Bevölkerung notwendigen Gütern und Lebensmitteln kann nur dann gewährleistet werden, wenn eine staatliche Einschränkung hinsichtlich der an sich zulässigen Arbeitskampfmittel möglich ist. Der Staat kann derartige Arbeitskampfmittel nur um ihres Bestandes willen nicht hinnehmen, denn damit würde sogleich der Untergang der Freiheitsrechte herbeigeführt, was zwangsläufig die Folge wäre, wenn in der Notlage nicht in erster Linie und zunächst auf die Erhaltung des Staates hingewirkt würde. Ohne demokratischen Rechtsstaat gibt es keine demokratischen Freiheitsrechte. Der Staat würde im Falle seiner Untätigkeit zudem gegen die im GG unabänderlich festgelegte Verpflichtung verstoßen, wonach die Grundsätze des Rechtsstaates unter allen Umständen zu erhalten sind, worunter auch die dem Staatsbürger gebotenen rechtsstaatlichen Grundrechtsgarantien fallen. Im Umkehrschluß folgt daraus aber auch wiederum die Begrenzung staatlichen Handelns in der Notstandssituation: die individuelle Freiheit, das Recht auf Arbeitskampf, darf auch im Notstand nicht so weit eingeschränkt werden, daß dies einem völligen Abbau, einer Beseitigung der Garantie gleichkommt, um an ihre Stelle die fast unbeschränkte Allmacht des

Staates zu setzen. Aus diesen Gründen besteht daher in der Literatur Einigkeit darüber, *daß* bei inneren Notständen oder im Zustand äußerer Gefahr — im Rahmen des Erforderlichen und Verhältnismäßigen — Begrenzungen zeitlicher und vorübergehender Art der Arbeitskampffreiheit möglich und nötig sind[57]. Auf welchen verfassungsrechtlichen Grundlagen sich diese Beschränkungen in verfassungsrechtlich zulässiger Weise aufbauen lassen, soll im folgenden untersucht werden.

C. Dem Art. 9 GG immanente Einschränkungen

1. Einschränkung aus Art. 9 Abs. 3 Satz 3 GG

Über die tatbestandlichen Einschränkungen des Art. 9 Abs. 3 Satz 3 GG hinaus, die durch die Normanalyse im 1. Teil der Darstellung herausgearbeitet wurden, nimmt die Rechtslehre eine weitere Einschränkung der Arbeitskampfschutzklausel aus ihrer ratio legis an.

Mittels Umkehrschluß aus der Norm, insbesondere aus der Aufzählung der darin benannten Notstandsmaßnahmen, die als abschließend — limitativ — angesehen wird, folgert die Lehre[58], daß damit nicht alle Maßnahmen der gesetzlichen Notstandsregelung als mögliche Instrumente zur Beschränkung der Arbeitskampffreiheit ausgeschlossen sind, sondern nur die genannten. Wegen der genauen Benennung der zur Anwendung kommenden Artikel sei diese Aufzählung als abschließend zu beurteilen und damit sei eine analoge Ausdehnung auf andere notstandsrechtliche Maßnahmen nicht zulässig. Dies gelte insbesondere für weitergehende Maßnahmen, die vom Gesetz für den Verteidigungsfall vorgesehen seien.

Von gravierender Bedeutung ist diese Aussage insbesondere für die in Art. 9 Abs. 3 Satz 3 GG unerwähnt gebliebene Regelungskompetenz des einfachen Gesetzgebers. Durch diese Vorschrift ist es verfassungsrechtlich zulässig, daß im Verteidigungsfall, also im äußeren Notstand, der Gemeinsame Ausschuß (Art. 53 a GG) unter den Voraussetzungen des Art. 115 e Abs. 1 GG die Stellung von Bundestag und Bundesrat einnimmt und deren Rechte einheitlich wahrnimmt. Der Gemeinsame Ausschuß kann damit, vorausgesetzt, die Kompetenz ist im Verteidigungsfall gegeben, als zuständiger einfacher Gesetzgeber gesetzliche Beschränkungen der Arbeitskampffreiheit anordnen. Hierbei unterliegt er allerdings den Grenzen des Kernbereichs der Arbeitskampffreiheit. Darüber hinaus versagt Art. 115 e Abs. 2 GG die Möglichkeit, das GG

---

57 Doehring, S. 330; Hall, JZ 1968, 159.

58 Hueck, RdA 1968, 430; Rüthers, DB 1968, 1948 (1950); Diss. Schmid, S. 67/68.

zu ändern, oder ganz oder teilweise außer Kraft oder außer Anwendung zu setzen. Im übrigen besteht auch keine Befugnis zum Erlaß von Gesetzen nach Art. 24 Abs. 1 und Art. 29 GG.

Rüthers[59] sieht in der Nichterwähnung des Art. 115 e GG und der damit möglichen Anwendung auch auf Art. 9 Abs. 3 Satz 3 GG kein Versehen des Notstandsgesetzgebers. Es sei vielmehr dessen Absicht gewesen, den Eindruck zu erwecken, daß Arbeitskämpfe im Notstandsfall beliebig zulässig seien. Im übrigen entspreche dies gerade einer verfassungsgesetzlichen Ermächtigungsgarantie, die in bestimmten Grenzen eine Regelungskompetenz des einfachen Gesetzgebers definitionsgemäß einschließe.

Zusammenfassend ist damit festzustellen, daß Art. 9 Abs. 3 Satz 3 GG weder seinem Wortlaut noch seinem Sinn nach einen uferlosen, absoluten Schutz der Arbeitskampffreiheit im Notstand verbürgt. Durch die Norm werden nur bestimmte, abschließend aufgezählte Notstandsmaßnahmen gegen die die Voraussetzungen der Norm erfüllenden Arbeitskämpfe als unzulässig erklärt. Im Umkehrschluß bedeutet dies die Möglichkeit zu gesetzgeberischen Maßnahmen in den nicht von Art. 9 Abs. 3 Satz 3 GG genannten Modalitäten.

2. Einschränkung durch Art. 9 Abs. 2 GG

Prüft man den Wortlaut des Art. 9 Abs. 3 Satz 3 GG, so fällt auf, daß darin nicht nur ein ausdrücklicher Gesetzesvorbehalt nicht enthalten ist, sondern daß auch ein Verbotstatbestand nicht zu erkennen ist. Indessen nimmt die in der Literatur vorherrschende Meinung wie auch die Rechtsprechung des Bundesarbeitsgerichts an, daß der Verbotsvorbehalt des Art. 9 Abs. 2 GG auch auf Art. 9 Abs. 3 GG und damit auch auf die Arbeitskampfschutzklausel anzuwenden ist.

Zwar scheint diese Auffassung der systematischen Anordnung zu widersprechen, da der Verbotstatbestand der Koalitionsfreiheit vorangestellt ist und so die Annahme, Art. 9 Abs. 2 GG beziehe sich nur auf Art. 9 Abs. 1 GG, nicht fernliegt. Als spezielle Vereinigungsfreiheit steht die Koalitionsfreiheit aber in unmittelbarem Zusammenhang mit der allgemeinen Vereinigungsfreiheit. Die thematische Einheit zwischen beiden Grundrechten ist so eng, daß die systematische Stellung des Art. 9 Abs. 2 GG von der in der Literatur vorherrschenden Meinung als redaktionell verfehlt angesehen und eine Anwendung des Verbotstatbestandes des Art. 9 Abs. 2 GG auch auf Art. 9 Abs. 3 GG als Sonderfall der allgemeinen Vereinigungsfreiheit allgemein bejaht wird[60].

---

[59] Rüthers, DB 1968, 1948 (1950).

Art. 9 Abs. 2 GG gebietet, nicht die verfassungsmäßige Ordnung zu stören. Damit sind auch die Koalitionen an die elementaren Konstitutionsprinzipien der freiheitlichen demokratischen Grundordnung gebunden[61]. Insbesondere ein politischer Streik, der der freiheitlichen und sozialen Grundordnung der Bundesrepublik Deutschland nicht entspricht, würde gegen die verfassungsmäßige Ordnung verstoßen und wäre damit — würde man ihn nicht von vornherein aus dem Schutzumfang des Art. 9 Abs. 3 Satz 3 GG ausschließen (vgl. Teil 1 Abschnitt IV. C. 2. und 4.) — zumindest durch die Verbotsschranke des Art. 9 Abs. 2 GG aus dem Schutzbereich der Arbeitskampfschutzklausel ausgeklammert.

Der Vorbehalt der „Strafgesetze" i. S. d. Art. 9 Abs. 2 GG, worunter ebenso wie bei den „allgemeinen Gesetzen" des Art. 5 Abs. 2 GG die allgemeinen Strafgesetze zu verstehen sind (darin enthalten ist damit das Verbot aller „besonderen" Strafgesetze, die gegen eine spezifische Form der Koalitionsgründung oder -betätigung als solche gerichtet sind, sog. Verbot der koalitionsrechtlichen Strafsondergesetze; denn ein Strafgesetz, das sich gegen die Vereinigungsfreiheit als solche richten würde, ließe deren Gewährleistung leerlaufen[62]), toleriert im Rahmen der Koalitionsbetätigung keinen Verstoß gegen die allgemeinen Strafrechtsgüter. Auch die Koalitionsbetätigung ist an dieses Verdikt gebunden[63]. Sie kann sich nicht über jene Schranken hinwegsetzen, die individuellem oder kollektivem Verhalten gezogen sind, und besteht nur im Rahmen der allgemeinen Rechtsordnung. Zum Verbot der Koalition führt danach jeder strafbare Zweck, der ihr faktisch zugerechnet werden kann, wie auch eine strafgesetzwidrige Tätigkeit, die ihr zuzurechnen ist[64].

Art. 9 Abs. 2 GG hebt aus dem Gesamtbereich der „allgemeinen Gesetze" nur ganz bestimmte Ausschnitte, die allgemeinen Strafgesetze, heraus. Im Unterschied zur Schranke der „allgemeinen Gesetze" i. S. d.

---

[60] Brox / Rüthers, S. 44; Scholz, in: Maunz / Dürig / Herzog, GG, Art. 9 Rdnr. 337; Evers, AöR 91, 193 (201); BAGE 2, 75 (77); 19, 217 (226); Lerche, Verfassungsrechtliche Zentralfragen, S. 33, 34; Scholz, Koalitionsfreiheit, S. 326, 328; v. Münch, in: GG-Kommentar, Art. 9 Rdnr. 171 ff.

[61] So jedenfalls die überwiegende Meinung, die den Begriff der „verfassungsmäßigen Ordnung" in Art. 9 Abs. 2 GG mit dem der „freiheitlich demokratischen Grundordnung" in Art. 18 GG gleichstellt (so auch BVerwGE 47, 330, 351 f.); weitere Nachweise bei Scholz, in: Maunz / Dürig / Herzog, GG, Art. 9 Rdnr. 127. Gegen diese Interpretation wendet sich Scholz a.a.O. mit dem Argument, daß der Verfassungsgeber, hätte er das Verbot des Art. 9 Abs. 2 GG an den Vorbehalt der „freiheitlich demokratischen Grundordnung" binden wollen, diesen Begriff auch in Art. 9 verwendet hätte.

[62] Scholz, in: Maunz / Dürig / Herzog, GG, Art. 9 Rdnr. 70.

[63] Lerche, Verfasungsrechtliche Zentralfragen, S. 34; Scholz, in: Maunz / Dürig / Herzog, GG, Art. 9 Rdnr. 125.

[64] Scholz, in: Maunz / Dürig / Herzog, GG, Art. 9 Rdnr. 123, 124.

Art. 5 Abs. 2 GG bezieht sich dieses Verbot auf die Existenz der Vereinigung als solche (Art. 9 Abs. 2 GG verbietet Vereinigungen, die durch die Hinwendung zu strafrechtlichem Unrecht usw. „geprägt" werden). Es stellt damit nicht nur, wie die Schranke des Art. 5 Abs. 2 GG, eine Schranke für ihre Betätigung dar[65]. Damit gehen die Zielrichtungen von Art. 9 Abs. 2 GG und den „allgemeinen Gesetzen" des Art. 5 Abs. 2 GG grundsätzlich auseinander. Aus dem Verbot, die verfassungsmäßige Ordnung zu stören, folgt daher in den Fällen, in denen zwar rechtmäßige Arbeitskämpfe durchgeführt werden, jedoch der Staat oder die freiheitliche demokratische Grundordnung in Gefahr geraten (vgl. die Beispiele in Teil 1 Abschnitt IV. C. 4.), das Gebot, den Arbeitskampf zumindest zu verschieben oder so zu begrenzen, daß durch ihn die verfassungsmäßige Ordnung nicht gefährdet wird. *Evers*[66] geht noch weiter und will es sogar für möglich halten, daß hieraus das Gebot der Unterlassung des Arbeitskampfes in dieser Situation resultieren kann. Diese Auffassung erscheint problematisch im Hinblick darauf, ob nicht damit die grundrechtliche Garantie in ihrem Kernbereich angetastet würde, worauf in einem späteren Abschnitt noch zurückzukommen sein wird.

Die Verfassung setzt also dem Recht auf Arbeitskampf mit Art. 9 Abs. 2 GG eine Schranke. *Schnapp*[67] sieht diese Bestimmung nicht als Schranke, also als Grundrechtsbeschränkung, sondern vielmehr als eine „verfassungsunmittelbare Beschreibung der sachlichen Gewährleistungsreichweite einer Grundrechtsbestimmung". Gleich welcher Meinung man sich anschließt, Art. 9 Abs. 2 GG gibt dem Recht auf Arbeitskampf im Notstand zumindest „torsenhaft"[68] eine den sachlichen Umfang bestimmende, eingrenzende Gestalt.

D. Allgemeine verfassungsrechtliche Einschränkungen „Immanente Grundrechtsschranken"

Wie schon oben in Teil 2 Abschnitt III. A. festgestellt wurde, besteht in Literatur und Rechtsprechung gerade im Hinblick auf die formell unbeschränkten Grundrechte die Auffassung, daß die differenzierte Vorbehaltssystematik, „dieses bewußt subtil geregelte System der Grundrechtsbeschränkungsmöglichkeiten"[69], das von anderen, wie etwa *Bettermann*[70], als „unsystematisches und lückenhaftes Schrankenwirr-

[65] So Lerche, Verfassungsrechtliche Zentralfragen, S. 34.

[66] Evers, AöR 91, 193 (201).

[67] Schnapp, JUS 1978, 729 (730).

[68] Lerche, Verfassungsrechtliche Zentralfragen, S. 33.

[69] Dürig, in: Maunz / Dürig / Herzog, GG, Art. 2 Rdnr. 69; BVerfGE 7, 377 (404).

[70] Bettermann, Grenzen der Grundrechte, S. 3.

warr", nicht etwa als „konsistentes Schrankensystem" bezeichnet wird, unzureichend ist. *Bettermann* sieht es als geradezu hoffnungslos an, die Schranken der Grundrechte allein und befriedigend aus dem Wortlaut des GG selbst zu ermitteln. So meinen einige Autoren[71], der reine Text des GG sei viel zu eng, um den als berechtigt empfundenen Bedürfnissen des Gesetzgebers zur Gestaltung der sozialen Lebensräume hinreichend Spielraum bieten zu können. Die praktische Erfahrung habe gezeigt, daß insbesondere die vorbehaltlosen Grundrechte einer Einschränkung bedürfen, da auch diese Sozialbeziehungen nicht aus der Rechtsordnung ausgeklammert werden dürfen, sondern vielmehr nach dem Prinzip der Einheit der Verfassung in die gesamte Rechtsordnung einzugliedern sind. *Bethge*[72] meint daher, die grundrechtstheoretische Figur vorbehaltlos gewährleisteter Freiheitsrechte sei durch diese Erfahrung falsifiziert worden. Der Einbindung auch solcher Tätigkeiten, die auf der Grundlage vorbehaltloser Freiheitsrechte ausgeübt werden, in die Sozialbeziehungen einer Gegenseitigkeitsrechtsordnung und der damit auf den Plan tretenden Schrankenproblematik lasse sich auch nicht entgegenhalten, der Schutz der Grundrechte liege in ihrer Funktion, dem einzelnen ein Reservat gegenüber der staatlichen Hoheit zu sichern. Die Einbeziehung auch dieser Freiheitspositionen in die Ordnung des sozialen Ganzen sei unausweichlich, ohne daß deshalb notwendigerweise eine Unterwerfung unter die Wünschbarkeiten des sozialen Ganzen stattfinden müsse[73].

Das eigentliche Problem liegt damit also nicht in der Frage, ob die formell unbeschränkten, absoluten Freiheitsrechte Einschränkungen erfahren dürfen, sondern darin, wie die Grundrechtsschranken in verfassungsrechtlich zulässiger Weise im einzelnen begründet werden können und wie weit diese Begrenzungen reichen. Der Grundrechtsinterpret steht somit vor der Aufgabe, die Schranken der Grundrechte im Interesse einer praxisorientierten Grundrechtsdogmatik zu harmonisieren und zu ergänzen[74].

In Literatur und Rechtsprechung dient als rechtstechnisches Mittel für eine extensive Schrankeninterpretation die Figur der „Immanenten Grundrechtsschranken".

Unter diesem Stichwort wird die Frage diskutiert, wie bestimmt werden kann, für welche konkreten Fälle die abstrakt gefaßten Grundrechtsnormen gelten, bzw. wie die „immanenten Schranken" der Grundrechte ermittelt werden können, um damit der Unzulänglichkeit der

---

71 Vgl. Diss. Nieuwland, S. 3 m. w. N.

72 Bethge, S. 262, 263.

73 Bethge, S. 262/263.

74 Diss. v. Nieuwland, S. 4.

grundrechtlichen Schrankenvorbehalte durch ergänzende, im Wege der Interpretation zu gewinnende Schranken zu begegnen. Diese Frage, die auch bei den Grundrechten auftaucht, die unter bestimmten, genau festgelegten Vorbehalten stehen[75] und damit keinen allgemeinen Gesetzesvorbehalt enthalten, tritt am deutlichsten bei den ohne jeden ausdrücklichen Vorbehalt, also scheinbar „absolut" garantierten Grundrechten zutage.

Erstmals wurde der Begriff der „immanenten Schranken" in einer Entscheidung des BVerfG aus dem Jahre 1953[76] verwendet, in der es um die Einschränkung prozessualer Grundrechte, nämlich um Art. 103 Abs. 3 GG ging. Im Jahre 1955 wurde der Terminus vom BVerwG[77] erstmalig auch zur Begrenzung materieller Grundrechte gebraucht. In der Entscheidung heißt es:

> „Es gehört zum Inbegriff der Grundrechte ..., daß sie nicht in Anspruch genommen werden dürfen, wenn dadurch die für den Bestand der Gemeinschaft notwendigen Rechtsgüter gefährdet werden; denn das Grundrecht setzt den Bestand der staatlichen Gemeinschaft voraus, durch die es gewährleistet ist. Solche Schranken sind dem Grundrecht immanent."

Hinter dem Begriff der „immanenten Schranken" oder der „immanenten Grenzen" steht also die Auffassung, daß jedes Freiheitsrecht von vornherein gewisse „inhärente" oder „immanente" Schranken bzw. Grenzen in sich trägt. Nach *Häberle*[78] zeigt der Begriff der „immanenten Grenzen", daß die Bestimmung zulässiger Grundrechtsgrenzen kein Vorgang ist, der die Grundrechte von außen trifft. Vielmehr bestehe ein enger Zusammenhang zwischen Grundrechten und Grundrechtsgrenzen bzw. den durch sie geschützten Rechtsgütern. Dem Begriff werde man nur dadurch gerecht, daß man ihn als „wesensmäßigen" kennzeichne. Die wesensmäßigen Grundrechtsgrenzen bestimmten von vornherein den Platz, den das Grundrecht im Ganzen der Verfassung einnehme. Damit normiert der Gesetzgeber, der im Grundrechtsbereich wesensmäßige Grenzen konkretisiert, nur solche Grenzen, die schon von vornherein bestanden haben. Sie werden nicht nachträglich und von außen an das Grundrecht herangetragen; vielmehr sind die Grundrechte von vornherein durch die gleich- und höherwertigen Rechtsgüter begrenzt, die wie sie verfassungsrechtliche Anerkennung gefunden haben. Die Grundrechte sind damit von vornherein nur innerhalb der ihnen immanenten Grenzen der materialen Allgemeinheit des verfassungsrechtlichen Wertsystems gewährleistet[79]. Daher greift der die im-

---

[75] Vgl. hierzu die Untersuchung in der Diss. von Wülfing aus dem Jahre 1980.

[76] BVerfGE 3, 248 (252 f.).

[77] BVerwGE 2, 295 (300).

[78] Häberle, Wesensgehaltsgarantie, S. 51.

manenten Grenzen konkretisierende Gesetzgeber nicht in den eigentlichen Inhalt des Grundrechts selbst ein, sondern er bestimmt nur die wesensmäßigen, die „von Anfang an" von Verfassungs wegen bestehenden Grenzen; er wird „grundrechtsdeterminierend" tätig.

Die „immanenten" unterscheiden sich von der „exmanenten" Schranke dadurch, daß letztere die zunächst gesetzesfreien und unstrukturierten Grundrechtsbereiche, die dem Bürger die Gelegenheit zu individueller Lebensgestaltung eröffnen, im Rahmen grundrechtlicher Schrankenvorbehalte einengen. Die staatlichen Eingriffsakte treten nachträglich und von außen an das Grundrecht heran, heben seine Wirkungskraft partiell auf und besitzen daher die Qualität von konstitutiven Grundrechtseingriffen[80]. Die „immanenten Schranken" dagegen sind ungeschriebene Schranken, für die es im Text der Verfassung keine Anhaltspunkte gibt. Sie bilden Grenzen der grundrechtlichen Gewährleistungsbereiche. Sie markieren von vornherein — ähnlich wie die negativen Tatbestandsmerkmale — die grundrechtlichen Grenzen. Sie prägen die grundrechtliche Rechtssubstanz von innen her. Der grundrechtlichen Freiheit wird nichts genommen, was ihr ihrem Wesen nach gehört. Es handelt sich um die Bestimmung der Grenzen, die im Wesen des Grundrechts selbst angelegt sind. *v. Hippel*[81] sieht daher im Immanenzdenken weniger eine Theorie der Grundrechtsschranken, sondern vielmehr eine Theorie über die Konkretisierung von Inhalt, Bedeutung und Reichweite des von vornherein im Grundrecht Enthaltenen. Nimmt man an, die immanenten Schranken seien in der Grundrechtsgewährleistung enthalten und müßten lediglich nachgezeichnet, konturiert und sichtbar gemacht werden, so folgt daraus, daß es sich um ein Problem der Grundrechtsinterpretation handelt.

Anknüpfend an diese allgemeinen Überlegungen zu den „immanenten Grundrechtsschranken" soll nun diese Rechtsfigur auf ihre dogmatische Beständigkeit hin untersucht werden. Hierbei wird es darum gehen, festzustellen, ob die von der Immanenzlehre entwickelten Schrankenklauseln im Einklang mit dem positiven Verfassungsrecht stehen und an Vorhersehbarkeit, Berechenbarkeit und Nachvollziehbarkeit wie Kontrollierbarkeit so viel aufweisen, wie für eine am Normtext orientierte Grundrechtsinterpretation erforderlich oder zumindest wünschenswert ist.

In Literatur und Rechtsprechung werden verschiedene dogmatische Ansatzpunkte vertreten, „um solche unvermeidlichen Schranken ihrer-

---

79 Häberle, Wesensgehaltsgarantie, S. 56 u. 128; Dürig, in: Maunz / Dürig / Herzog, GG, Art. 2 Rdnr. 84.

80 Diss. v. Nieuwland, S. 9/10.

81 v. Hippel, S. 14.

seits ... einigermaßen bestimmbar und begrenzbar zu machen"[82] und „orphischen Immanenzlehren"[83] den Boden zu entziehen. Im folgenden soll die Darstellung auf die aus der Vielzahl an Interpretationsversuchen herausragendsten sechs großen Theorieentwürfe beschränkt werden, wobei die ersten vier Immanenztheorien der Literatur, die letzten beiden der Rechtsprechung entstammen.

1. Die Schrankentrias des Art. 2 Abs. 1 GG als immanente Grundrechtsschranke

a) Anwendbarkeit der Schrankentrias des Art. 2 Abs. 1 GG auch auf andere Grundrechte

Im Schrifttum wurde der Versuch unternommen, Art. 2 Abs. 1 GG als Obersatz und somit dessen Schranken auch für die speziellen Freiheitsrechte in Anspruch zu nehmen. Hinsichtlich der Anwendbarkeit der Schrankentrias des Art. 2 Abs. 1 GG als immanente Grundrechtsschranke, die das Recht auf freie Entfaltung der Persönlichkeit unter den Vorbehalt der Rechte anderer, der verfassungsmäßigen Ordnung und das Sittengesetz stellt, haben sich jedoch bald in der Literatur entgegengesetzte Meinungen herausgebildet. Ein Teil der Lehre lehnt die Anwendung der Schrankentrias völlig ab (deren Meinung wird jeweils in der „Kritik" dargestellt), andere bejahen ihre Anwendung, unterscheiden sich aber untereinander in der Art der Anwendung. Es kann daher nicht, wie *Graf* in seiner Dissertation aus dem Jahre 1970 meint, als herrschend angesehen werden, daß die Schrankentrias als alle Freiheitsrechte begrenzender Vorbehalt, also auch gültig für die Grundrechte ohne Vorbehalt anerkannt ist.

b) Theorie der unmittelbaren Geltung der Schrankentrias

Insbesondere die ältere Literatur sprach sich für eine unmittelbare Anwendung der Vorbehaltstrias des Art. 2 Abs. 1 GG zur Schrankeninterpretation aller übrigen Freiheitsrechte aus. Allerdings unterschied man auch hier hinsichtlich der dogmatischen Begründung:

aa) Art. 2 Abs. 1 GG als „allgemeiner Freiheitsleitsatz", als „objektive Verfassungsnorm"

Nach Auffassung insbesondere von *Klein*[84] als einem der ersten Vertreter dieser Theorie kann das „allgemeine Persönlichkeitsrecht" nicht

[82] Bachof, JZ 1957, 337.

[83] Wehrhahn, AöR 82, 247.

[84] Klein, in: v. Mangoldt / Klein, Vorbem. B. XV. 3 a Bd. 1; ebenso Wolff, VerwR Bd. 1, S. 206.

als „selbständiges Grundrecht" aufgefaßt werden, sondern muß als „allgemeiner Freiheitsleitsatz", als „objektive Verfassungsnorm", als „rechtsethisches Verfassungsprinzip", als „Auslegungsregel" für alle Freiheitsrechte begriffen werden. Nach dieser Auffassung ist der Inhalt der Norm eine allgemeine Formulierung staatsbürgerlicher Freiheit und ein Wertbekenntnis zu einem an der Menschenwürde orientierten Menschenbild[85]. Die Sonderstellung, die Art. 2 Abs. 1 GG eingeräumt wird, mache es erforderlich, daß die Verfassungsnorm zu einem allgemeinen Freiheitsleitsatz erhoben werde. Andernfalls, d. h. im Fall der Inanspruchnahme als subjektives Recht, werde die Aussagekraft der Norm ausgehöhlt. Der Annahme eines eigenständigen subjektiv öffentlichen Rechts aus Art. 2 Abs. 1 GG stehe die „Unbestimmtheit, Dehnbarkeit und Vagheit" dieses Verfassungsartikels entgegen. Art. 2 Abs. 1 GG enthalte daher keine „besonderen Schranken" einer selbständigen Grundrechtsbestimmung, sondern sei allgemeiner Gemeinschaftsvorbehalt, „unmittelbar und selbständig von Verfassungs wegen konstitutiv wirkende Schranke" auch für schrankenlose Freiheitsrechte. Der rein objektivrechtliche Charakter der grundrechtlichen Gewährleistung erstrecke sich auch auf die Schrankentrias des Art. 2 Abs. 1 GG[86]. Denn nur durch deren unmittelbare allgemeine Geltung könne der Schrankensystematik des GG Rechnung getragen werden, und alle Fälle notwendiger Freiheitsbeschränkung könnten so sinnvoll erfaßt werden. Die Schranken des Art. 2 Abs. 1 GG seien daher als „allgemeiner Gemeinschaftsvorbehalt" zu interpretieren und auf die formal schrankenlosen Grundrechte subsidiär anzuwenden[87].

bb) Art. 2 Abs. 1 GG als subjektiv öffentliches Recht

Andere befürworten eine generelle unmittelbare Übernahme der Vorbehaltstrias auf alle Freiheitsrechte unter Anerkennung des Grundrechtscharakters des Art. 2 Abs. 1 GG[88]. Nach dieser Auffassung ist Art. 2 Abs. 1 GG „Muttergrundrecht", „Stammgrundrecht", „Hauptfreiheitsrecht", und damit als allgemeines Freiheitsrecht allen anderen Grundrechten in gewisser Weise übergeordnet. Die nachfolgenden Teilfreiheitsrechte seien besondere Ausgestaltung und Konkretisierung der Freiheit. Art. 2 Abs. 1 GG sei ihnen gegenüber Blankettnorm, umfassendste Freiheitsvermutung des GG; er verkörpere um-

---

85 Klein, in: v. Mangoldt / Klein, GG, Art. 2 Anm. III 5. b Bd. 1.

86 Klein, in: v. Mangoldt / Klein, GG, Vorbem. B. XV. 3 a Bd. 1.

87 Klein, in: v. Mangoldt / Klein, GG, Art. 2 Anm. IV vor 1 und Vorbem. BXV. 3 a Bd. 1; Wolff, VerwR, Bd. 1, S. 206; ebenso Bettermann, Grenzen der Grundrechte, S. 9 ff., der ohne Ableitung aus Art. 2 Abs. 1 GG zum selben Ergebnis kommt.

88 So etwa Scholtissek, NJW 1952, 563; Ipsen, DVBl. 1956, 362; Krüger, DVBl. 1959, 627; Lassally, MDR 1953, 76 f.; Klein, in: Schmidt-Bleibtreu / Klein, Vorbem. Art. 1 Rdnr. 20 f.

fassend den Freiheitsgedanken des rechtsstaatlichen Liberalismus i. V. m. Art. 1 Abs. 1 GG[89]. Daher müßten auch die in Art. 2 Abs. 1 GG als „immanente Elementar- und Minimalschranke“ jeglicher Freiheit formulierten Begrenzungen als leitbildartig festgelegte „Grundrelation von Freiheit und Bindung der in der Gemeinschaft lebenden Person“ für die konkretisierten Nachfolgegrundrechte gelten[90]. Nach dieser Auffassung enthält Art. 2 Abs. 1 GG also eine Generalgarantie bezüglich der freien Persönlichkeitsentfaltung, die Schrankentrias einen Generalvorbehalt, aus dem sich die verfassungsmäßigen Schranken der Art. 3 - 17 GG ergeben. Dies entspreche auch dem Prinzip der „Einheit der Verfassung“, wonach bei der Auslegung von Verfassungsnormen alle Verfassungsbestimmungen heranzuziehen sind, nachdem sie den gleichen Rang in der Rechtsordnung erhalten haben. Die in den Einzelfreiheitsrechten enthaltenen Schranken sind dieser Meinung nach Modifikationen der „Grund-Schranke“ des Art. 2 Abs. 1 GG, und zwar mit ausgedehnter Wirkung zu Lasten der Freiheit.

Auch *Bethge*[91] gehört zu den Befürwortern dieser Auffassung. In Anbetracht der Einbeziehung auch vorbehaltloser Freiheitspositionen in die Ordnung des sozialen Ganzen sei es nur folgerichtig, daß Art. 2 Abs. 1 GG trotz der durch das BVerfG vorgenommenen prinzipiellen Trennung von Art. 2 Abs. 1 GG und den konkreten Einzelfreiheitsrechten des GG die Entschlossenheit kundtut, völlig schrankenfreie Grundrechte unter keinen Umständen anzuerkennen. Eine Verfassung, die im Muttergrundrecht die Ausübung der allgemeinen Handlungsfreiheit unter anderem auch auf die Respektierung der (Grund-)Rechte anderer verpflichtet, könne für den scheinbaren Sonderfall vorbehaltlos gewährter Spezialgrundrechte den Konfliktsfall mit Grundrechten anderer kaum negieren oder etwa als nicht existent fingieren. Gerade auch den vermeintlich schrankenlosen Grundrechten würde dieses Zurückgreifen auf die Schrankentrias nur zugute kommen. Nachdem auch bei freiheitsfreundlichster Auslegung und Handhabung eine Begrenzung unerläßlich ist, bestehe die nicht von der Hand zu weisende Gefahr, daß mit Hilfe eines „ominösen Verfassungsvorbehalts, dessen Konturen und Kriterien nebulös sind“, ein mit besonderem Freiheitsanspruch gewährtes Grundrecht dann auch in besonderem Maß für dezisionistische wie voluntaristische Kupierung geeignet ist und dadurch die ursprünglich stärksten Freiheitsrechte zu den schwächsten werden, deren Schrankenziehung im einzelnen der Beliebigkeit des jeweils zur Dechiffrierung angerufenen Interpreten anheim gestellt ist.

---

[89] Doehring, S. 170; Maunz, S. 121.

[90] So etwa Erbel, Kunstfreiheitsgarantie, S. 120.

[91] Bethge, S. 263, 266.

Hinsichtlich der Entscheidung des BVerfG[92], wonach vorbehaltlosen Grundrechten (im konkreten Fall stand die Begrenzung der Glaubensfreiheit zur Entscheidung an) „alleine von der Verfassung selbst, d. h. nach Maßgabe der grundgesetzlichen Wertordnung und unter Berücksichtigung der Einheit dieses grundlegenden Wertsystems Grenzen gezogen werden dürfen", meint *Bethge*, das Einlassen auf Werte beinhalte und gestehe gleichzeitig die Auf-, Ab- und Umwertung zu. Der Wert sei ein Faktor der Instabilität ersten Ranges. Daher bedeute die am Wert orientierte Verfassungsauslegung die Verunsicherung des Verfassungsrechts als Methode[93].

cc) Die Auffassung der Rechtsprechung

Auch die Rechtsprechung verhält sich uneinheitlich in der Anwendung der Schrankentrias auf andere Grundrechte.

Das BVerfG hat in seinen Entscheidungen zu dieser Frage ausdrücklich darauf hingewiesen, Art. 2 Abs. 1 GG und damit auch die Schrankentrias sei nicht allen anderen Grundrechten vorgeordnet. Die Vorschrift habe innerhalb der Verfassung keinen höheren Rang gegenüber anderen Grundrechten[94]. Im konkreten Fall ist jedoch nicht von der Hand zu weisen, daß das BVerfG eine Normenhierarchie bejaht, wenn es feststellt, daß im Rahmen der Güterabwägung die Würde des Menschen vor der Meinungsfreiheit rangieren kann.

Das BAG[95] bejaht dagegen — zumindest hinsichtlich des Schrankenvorbehalts des „Sittengesetzes" — die Übertragbarkeit der Schrankentrias auf vorbehaltlose Freiheitsrechte. In der Entscheidung heißt es:

> „Art. 9 Abs. 3 GG verleiht (den Gewerkschaften) keine unbeschränkten Befugnisse. Die Bestimmung ist eingeschränkt nicht nur durch die in ihr selbst enthaltenen Schranken, sondern auch durch das Sittengesetz und einen etwaigen Zusammenhang, in dem Art. 9 Abs. 3 GG zu den übrigen verfassungsrechtlichen Vorschriften steht. Ferner sind die allgemeinen Strafgesetze zu beachten. Das Sittengesetz setzt, wie die Verfassung im übrigen zu erkennen gibt, mit Art. 2 Abs. 1 GG Grundbindungen."

dd) Kritik an den unter aa), bb) und cc) dargestellten Interpretationen

Gegen die Annahme des Art. 2 Abs. 1 GG als objektive Verfassungsnorm sprechen folgende Gründe: schon Art. 1 Abs. 3 GG steht ent-

---

92 BVerfGE 33, 23 (29).

93 Bethge, S. 268.

94 BVerfGE 30, 173 (193 f.); 47, 327 (368 f.) jeweils unter Hinweis auf das subsidiäre Verhältnis des Art. 2 Abs. 1 GG zu den speziellen Freiheitsrechten.

95 BAGE 19, 217 (226); hierin geht es um den Inhalt der Koalitionsfreiheit.

gegen, der von den „nachfolgenden Grundrechten" spricht und damit auch Art. 2 Abs. 1 GG darin einschließt. Darüber hinaus steht die unter aa) geschilderte Interpretation in klarem Gegensatz zum Wortlaut der Verfassung, denn auch Art. 2 Abs. 1 GG normiert explicite das „Recht" eines jeden Menschen auf freie Entfaltung der Persönlichkeit[96]. Als weiterer Grund für die Bejahung der Grundrechtsqualität muß auch die Tatsache anerkannt werden, daß das allgemeine Persönlichkeitsrecht eine wichtige Komplementärfunktion als Auffangrecht für unbenannte Freiheitsrechte — Innominatrechte — leistet[97]. Letztlich ist auch die Auffassung, die aufgrund der angeblichen „Unbestimmtheit, Dehnbarkeit und Vagheit" die Grundrechtsqualität des Art. 2 Abs. 1 GG ablehnt, nicht haltbar. Aus der Norm lassen sich exakt der Anspruchsträger (jeder Mensch), der Anspruchsadressat (jeder einzelne sowie die Allgemeinheit) und das Anspruchsobjekt (die freie Entfaltung der Persönlichkeit) entnehmen. Damit erfüllt die Norm alle Voraussetzungen, die nach allgemeiner Rechtslehre für die Statuierung eines subjektiven Rechts erforderlich sind[98].

Auch die oben dargestellte Auffassung, wonach Art. 2 Abs. 1 GG als „Muttergrundrecht" angesehen wird und demnach seine Schrankentrias auf die Spezialfreiheitsrechte übertragbar sein soll, hält nicht stand. Das BVerfG nimmt in ständiger Rechtsprechung[99] zwischen Art. 2 Abs. 1 GG und den Spezialfreiheitsrechten Gesetzeskonkurrenz in Form der Spezialität an, wonach ein Rückgriff auf Art. 2 Abs. 1 GG nur dann möglich ist, wenn keine der Spezialnormen zur Anwendung kommen kann. So heißt es etwa in der Entscheidung 6, 32 (37):

> „Neben der allgemeinen Handlungsfreiheit, die Art. 2 Abs. 1 GG gewährleistet, hat das GG die Freiheit menschlicher Betätigung für bestimmte Lebensbereiche, die nach den geschilderten Erfahrungen dem Zugriff der öffentlichen Gewalt besonders ausgesetzt sind, durch besondere Grundrechtsbestimmungen geschützt; bei ihnen hat die Verfassung durch abgestufte Gesetzesvorbehalte abgegrenzt, in welchem Umfang in den jeweiligen Grundrechtsbereich eingegriffen werden kann. Soweit nicht solche besonderen Lebensbereiche grundrechtlich geschützt sind, kann sich der einzelne bei Eingriffen der öffentlichen Gewalt in seine Freiheit auf Art. 2 Abs. 1 GG berufen."

Auf der Grundlage dieser Rechtsprechung wäre die Übernahme der Schrankentrias auf die Spezialfreiheitsrechte nach dem Grundsatz „lex specialis derogat legi generali" unzulässig[100]. Vor allem aber wür-

---

96 Dürig, in: Maunz / Dürig / Herzog, GG, Art. 2 Rdnr. 5, 12.

97 Dürig, in: Maunz / Dürig / Herzog, GG, Art. 2 Rdnr. 8; v. Pollern, JUS 1977, 644 (645).

98 Hesse, S. 117.

99 BVerfGE 6, 32 (37) „Elfes-Urteil"; 9, 338 (343); 13, 290 (296); 37, 271 (291); 44, 59 (69); 45, 354 (359); 47, 327 (368).

de die Anwendung der Schrankentrias auf sämtliche Teilfreiheitsrechte die Schrankensystematik des GG unterlaufen. Dem GG wurde ein subtiles System abgestufter Vorbehalte eingefügt, die auf die jeweiligen Freiheitsbereiche zugeschnitten sind. Danach gibt es sehr weit formulierte, allgemeine Vorbehalte, wie etwa in Art. 14 Abs. 1 oder in Art. 2 Abs. 2 GG, wonach dem grundrechtsbegrenzenden und -gestaltenden Gesetzgeber viel Spielraum eingeräumt ist; andererseits ist, wie etwa in Art. 9 Abs. 2 GG oder in Art. 5 Abs. 3 Satz 2 GG eine Begrenzung aufgrund spezifizierter und sachlich eng umschriebener Schranken genau vorgegeben. Letztlich sind Grundrechte existent, wie etwa in Art. 9 Abs. 3 GG, die vom Wortlaut her keine Einschränkungsmöglichkeiten vorsehen. Dieser von der Verfassung vorgenommenen Unterscheidung kann man nicht entgehen. Eine generelle Anwendung der Schrankentrias auf alle Grundrechte würde diese Schrankensystematik total unterlaufen und käme einem, wenn auch versteckten Generalvorbehalt, den das GG gerade nicht kennt, gleich. Auch die Koalitionsfreiheit untersteht ebensowenig wie die anderen Grundrechte einer durchgehenden oder einheitlich gültigen Schrankenordnung, nachdem die Verfassung eine Generalschranke wie in Art. 21 Abs. 3 und 4 des *Herrenchiemsee-Entwurfs* von 1948 vorgesehen, nicht beinhaltet. Auch für Art. 2 Abs. 1 GG gilt, daß die Eingriffsvorbehalte eines Grundrechts nicht auf die anderen Grundrechte übertragbar sind[101]. Vorbehaltlose Grundrechte dürfen nicht durch die allgemeine Rechtsordnung relativiert werden. Damit wäre sonst der Unterschied zwischen formell uneinschränkbaren und den mit Gesetzesvorbehalten versehenen Grundrechten weitgehend aufgehoben.

Scholz[102] konzediert zwar, daß die „Rechte Dritter" einen Schrankenvorbehalt darstellen; danach ist die Grundrechtsausübung, sobald sie ranggleiche Drittrechte verletzt, rechtswidrig. Dies folgt nach *Scholz* aber nicht aus der Schranke der „Rechte anderer" des Art. 2 Abs. 1 GG, sondern aus dem Gleichheitsgedanken, der die gleiche Chance der Grundrechtsausübung für alle Individuen sichert.

Darüber hinaus wäre auch der Begriff der „verfassungsmäßigen Ordnung" bei der generellen Anwendung der Schrankentrias problematisch. Würde man ihn, wie das BVerfG im „Elfes-Urteil"[103], dahingehend auslegen, daß mit der „allgemeinen Rechtsordnung" die Ge-

---

100 So Scholz, in: Maunz / Dürig / Herzog, GG, Art. 9 Rdnr. 338 speziell für Art. 9 Abs. 3 GG.

101 Müller, S. 72; Drews / Wacke / Vogel / Martens, S. 150.

102 Scholz, Koalitionsfreiheit, S. 326.

103 BVerfGE 6, 32; zu beachten ist, daß sich die Auslegung hier ausdrücklich auf den Begriff der „verfassungsmäßigen Ordnung" in seiner Funktion als Schranke der „allgemeinen Handlungsfreiheit" bezieht.

samtheit der Normen, die formell und materiell der Verfassung gemäß sind, gemeint ist, so würde die Anwendung der Schrankentrias auf alle Grundrechte bedeuten, daß sie alle zur Disposition des einfachen Gesetzgebers gestellt sind, d. h. alle Grundrechte unter einfachem Gesetzesvorbehalt stünden[104]. Versteht man wie *Erbel*[105] den Begriff der „verfassungsmäßigen Ordnung" als Inbegriff elementarer Verfassungsgrundsätze und Grundentscheidungen des Verfassungsgebers, hätte dies zur Folge, daß „die politisch bedeutsamsten und ältesten, aus spezieller Unterdrückung konkret erkämpften ... Grundrechte" wie etwa die Meinungsfreiheit (Art. 5 Abs. 1 GG) oder die Versammlungsfreiheit (Art. 8 Abs. 1 GG) aufgrund der Kumulation von Generalschranke und Spezialschranke stärker eingeschränkt werden könnten als das allgemeine Persönlichkeitsrecht aus Art. 2 Abs. 1 GG[106]. Aufgrund dieser Bedenken wird an der Theorie der unmittelbaren Geltung der Schrankentrias, ob als objektive oder subjektive Verfassungsnorm, in der heutigen Schrankendiskussion nicht mehr festgehalten.

c) Theorie der mittelbaren Geltung der Schrankentrias

aa) Die Doppelbedeutung des Art. 2 Abs. 1 GG nach Dürig

Um der Gefahr zu entgehen, das grundgesetzliche Schrankensystem zu unterlaufen, vertritt vor allem *Dürig*[107] die Theorie der nur mittelbaren Anwendung der Schrankentrias des Art. 2 Abs. 1 GG auf alle anderen Freiheitsrechte. *Dürig* erkennt an, daß Art. 2 Abs. 1 GG als subjektives Hauptfreiheitsrecht die benannten Freiheitsrechte „radikal" in die Spezialität entlassen hat und stimmt insofern mit der Rechtsprechung des BVerfG überein. Auch hält er daran fest, daß die gegenständlichen Begrenzungen der staatlichen Beschränkungsmöglichkeiten rechtserhebliche Aussagen gegen die staatliche Verfügungsmacht und den unentziehbaren Gehalt des jeweiligen Grundrechts seien. Er meint, die Entlassung in die Spezialität reiche aber nicht so weit, daß die benannten Grundrechte völlig isoliert von der objektiven Wertentscheidung des Art. 2 Abs. 1 GG betrachtet werden könnten. Die Verfassung habe vielmehr in Art. 2 Abs. 1 GG (i. V. m. Art. 1 Abs. 1 GG), also an ihrem Beginn, Grundentscheidungen des objektiven Verfassungsrechts getroffen, die auch formal und scheinbar als isolierte Sondervorschriften ausgestaltete Spezialregelungen

---

104 v. Pollern, JUS 1977, 644 (646); Diss. v. Nieuwland, S. 140; Diss. Wülfing, S. 110.

105 Erbel, Kunstfreiheitsgarantie, S. 120.

106 v. Pollern, JUS 1977, 644 (646) m. w. N.

107 Dürig, in: Maunz / Dürig / Herzog, GG, Art. 2 Rdnr. 69; Dürig, AöR 79, 57; Wolff / Bachof, Bd. 1 § 33 V a 2; Diss. Graf, S. 125 ff.; Schulz-Schaeffer, S. 68 ff.

nicht wieder gänzlich rückgängig machen könnten[108]. Diese objektive Wertentscheidung strahle vielmehr auf die Einzelfreiheitsrechte aus. Engere oder fehlende Schrankenbestimmungen sieht *Dürig* als „beredtes Schweigen" zugunsten einer positivrechtlich stärkstmöglichen Absicherung des jeweiligen Freiheitsrechts[109]. Neben seiner Funktion als subjektives Auffangrecht aller unbenannten Freiheitsrechte sei Art. 2 Abs. 1 GG daher auch objektivrechtliche Auslegungsregel zur Interpretation des Sinngehalts anderer Grundrechte. Damit kommt Art. 2 Abs. 1 GG nach *Dürig* eine Doppelbedeutung zu, die eine „durchaus gewohnte Erscheinung in der Grundgesetzsystematik" sei, wonach Grundrechtsvorschriften sowohl Grundrechte im Sinne eines subjektiven Rechtes als auch Entscheidungen des objektiven Verfassungsrechts beinhalten können[110].

Dürigs Auffassung gemäß wirkt die objektivrechtliche Verfassungsentscheidung des Art. 2 Abs. 1 GG zum einen zugunsten der Freiheit. Nach seiner Meinung bewirkt sie eine Ausgangsvermutung für die Freiheit, Präponderanz der Freiheit etwa im Verhältnis zum Gleichheitsgrundrecht und eine Freiheitssubstanzgarantie. Andererseits wirke die objektivrechtliche Verfassungsentscheidung zu Lasten einer ungehemmten individuellen Freiheit. Denn nachdem die Verfassung bereits an ihrem Anfang die Grenzen der Freiheit prononciere, enthalte sie — vorsichtig formuliert — mindestens auch die Minimalaussage, daß es nicht der Menschenwürde des Art. 1 Abs. 1 GG entspricht, wenn der Freiheitsträger als solcher stets in seinen Bindungen gesehen wird. Daher beinhalte Art. 2 Abs. 1 GG neben seiner eigentlichen und wichtigsten Bedeutung als subjektives Auffangrecht für Innominat-Freiheitsrechte auch die Aufgabe als „großes Regulativ des objektiven Verfassungsrechts". Er gestatte gegenüber den nachfolgenden Einzelgrundrechten sehr weitgehende Unterschiede und Abstufungen der jeweiligen Verhältnisse von Freiheit und staatlicher Bindung, lasse aber niemals die Extreme einer „Bindung ohne Freiheit" oder umgekehrt einer „Freiheit ohne Bindung" zu. Damit verhindere bereits Art. 2 Abs. 1 GG (i. V. m. Art. 1 Abs. 1 GG) selbst bei den schrankenlosen Grundrechten, die scheinbar jeglicher Bindungsmöglichkeiten entbehren, eine hemmungslose und willkürliche Grundrechtsausübung. Der „Soweit-Satz" des Art. 2 Abs. 1 GG wirkt daher nach *Dürig* für alle Grundrechte mittelbar als „Verfassungsvorbehalt zur Interpretation immanenter Grundrechtsschranken"[111], der drei „primitive Nichtstörungsschranken" enthalte, d. h. drei der Freiheit im-

---

[108] Dürig, in: Maunz / Dürig / Herzog, GG, Art. 2 Rdnr. 72.
[109] Dürig, in: Maunz / Dürig / Herzog, GG, Art. 2 Rdnr. 69.
[110] Dürig, in: Maunz / Dürig / Herzog, GG, Art. 2 Rdnr. 71.
[111] Dürig, in: Maunz / Dürig / Herzog, GG, Art. 2 Rdnr. 72.

manente Schranken, außerhalb derer es bei allen Grundrechten keine Freiheit gebe.

bb) Inhaltliche Bestimmung der Nichtstörungsschranken

(1) „Rechte anderer"

Die „Rechte anderer" bezeichnet *Dürig* als „rechtslogisch" immanente Schranke; denn das Recht beruhe auf der Gegenseitigkeit, was bedeute, daß jeder seine Freiheit nur soweit gebrauchen dürfe, wie deren Gebrauch nicht die Freiheit der anderen beeinträchtige[112]. Diese Schranke erkennt auch *Scholz*, obwohl Gegner der Anwendung der Schrankentrias auf die anderen Freiheitsrechte, an; sie resultiert seiner Meinung nach aber nicht aus Art. 2 Abs. 1 GG, sondern leitet sich ab aus dem Gleichheitssatz, der die gleiche Chance der Grundrechtsausübung für prinzipiell alle Individuen fordere[113].

Inhaltlich unterfallen diesem Begriff alle subjektiven privaten und öffentlichen Rechte Dritter einschließlich der juristischen Personen des Privatrechts und des Fiskus[114], nicht dagegen bloße „Rechtsreflexe" oder Interessen, das öffentliche Interesse, das Gemeinwohl, da sie durch sonstige Vorbehalts- und Gewährleistungsschranken hinreichend gewahrt sind.

Nach *Dürig* impliziert die Anerkennung der Freiheit sogleich auch die rechtliche Bindung, und zwar einerseits die Bindung der anderen durch den einzelnen, das Individuum, andrerseits die Bindung des Individuums durch den Willen der anderen. Daher relativiere die Nichtstörungsschranke zugunsten der Rechte anderer sogar auch die Freiheitsrechte, die infolge fehlender Gesetzesvorbehalte am stärksten gegen Beschränkungen abgesichert sind[115]. Dies geschehe sowohl durch das Privatrecht als auch durch die Grundrechte der anderen.

(2) „Sittengesetz"

Hinsichtlich der zweiten Schranke des „Sittengesetzes" meint *Dürig*, es sei zweifelsfrei und unbestritten, daß auch sie allen Grundrechten

---

[112] Dürig, in: Maunz / Dürig / Herzog, GG, Art. 2 Rdnr. 73; Bethge, S. 258; Diss. Blaesing, S. 91; Bettermann, Grenzen der Grundrechte, S. 10, der hierzu meint: „Greift man in die Grundrechte Dritter ein, kann man sich zur Rechtfertigung des Eingriffs weder gegenüber dem Dritten noch gegenüber dem Staat auf ein Grundrecht berufen. Die Schranke der Rechte Dritter berechtigt daher den Staat zu legislativen, exekutiven und judikativen Maßnahmen zur Wiederherstellung der verletzten Rechte Dritter und damit zur Zurückweisung des Verletzers in die Schranken seiner Freiheit."

[113] Scholz, Koalitionsfreiheit, S. 326; Diss. Wülfing, S. 109.

[114] Dürig, in: Maunz / Dürig / Herzog, GG, Art. 2 Rdnr. 13 ff.; Wolff, VerwR, Bd. 1, S. 207.

[115] Dürig, in: Maunz / Dürig / Herzog, GG, Art. 2 Rdnr. 73.

innewohne[116]. Er sieht an dieser Stelle den Beweis dafür, daß sie immanente Grundrechtsgrenzen kennt und anerkennt. Die rechtlich relevante Kraft der Ethik gründe sich letztlich auf die durch Art. 1 Abs. 1 GG geschützte Selbstbestimmung der Persönlichkeit, die sich einer Bestimmung durch Zwecke oder Autoritäten entziehe. Das Recht trage daher das Sittengesetz nicht „von außen her" an den Menschen heran, sondern verdeutliche deklaratorisch lediglich die „inneren" ethischen Grenzen jeglicher Freiheit. Die ethischen Schranken des Rechts sieht *Dürig* im Privatrecht durch den Grundsatz von Treu und Glauben, das Schikaneverbot und die guten Sitten verwirklicht[117]. Zwar gesteht *Dürig* ein, daß maßgebend immer nur das sittliche Bewußtsein in der jeweiligen Rechtsgemeinschaft sein kann[118], womit der Begriff gesellschaftlichen und moralischen Wandlungen unterzogen und damit von vorneherein einer gewissen Inkonsistenz unterworfen ist. Diese Auffassung vertritt auch *Müller*[119], der die Freiheitsverbürgungen je nach „Lage" mehr oder weniger als „law in the books" ansieht, wenn sie durch das Sittengesetz im Sinne der „allgemeinen grundlegenden Anschauungen über die ethische Gebundenheit des einzelnen in der Gemeinschaft" beschränkt werden. *Müller* sieht aus diesem Grunde das Sittengesetz wegen der Unbestimmtheit seines normativen Gehalts auch als nicht-normative Auslegungshilfe für die Begrenzung der Grundrechte als wenig hilfreich an. Gleichwohl bejaht *Dürig* das „Sittengesetz" als innere ethische Grenze jeglicher Freiheit.

(3) „Verfassungsmäßige Ordnung"

Die dritte und letzte Schranke der Schrankentrias bezeichnet *Dürig* als die gesellschaftlich immanente Schranke der öffentlichen Ordnungsnormen. Von der „verfassungsmäßigen Ordnung" seien incidenter all jene primitiven Ordnungsnormen erfaßt, die „in allen Kulturstaaten zur Wahrung eines gedeihlichen menschlichen Zusammenlebens unerläßlich sind". „Verfassungsmäßige Ordnung" bedeutet daher der

---

116 So auch Bettermann, Grenzen der Grundrechte, S. 10, nach dem das „Sittengesetz" die gesamte innerstaatliche Rechtsordnung überlagert und begrenzt. Daher könne sich niemand zur Rechtfertigung sittenwidrigen Verhaltens auf ein Grundrecht berufen, wie auch die sittenwidrige Ausübung unzulässig sei.

117 Dürig, in: Maunz / Dürig / Herzog, GG, Art. 2 Rdnr. 74; Wolff, VerwR, Bd. 1, S. 207 sieht in dem Begriff des „Sittengesetzes" in diesem Zusammenhang nicht das Grundprinzip der Ethik. Gemeint sei damit vielmehr die sich aus den in der westdeutschen Rechtsgemeinschaft ergebenden Mindestanforderungen an mitbürgerliches Verhalten, soweit sie gesetzlich nicht anderweitig geschützt sind (so z. B. die Rücksichtnahme auf die Glaubensüberzeugung u. ä.). Der Inhalt des Sittengesetzes sei daher in dieser Bedeutung nicht für immer festgeschrieben, sondern unterliege sozialen Wandlungen.

118 Dürig, in: Maunz / Dürig / Herzog, GG, Art. 2 Rdnr. 16.

119 Müller, Positivität der Grundrechte, S. 93.

Inbegriff der rechtlichen Auswirkungen der verfassungsgestaltenden Grundentscheidungen des GG[120]. Nach dieser Auffassung macht die dritte Nichtstörungsschranke jede Grundrechtsausübung insoweit unzulässig, als sie sich zur Störung und Gefährdung der für ein gedeihliches Zusammenleben der Menschen unerläßlichen Gemeinwohlwerte entwickelt[121], sog. „Gemeinwohlklausel".

Zu den Ordnungsnormen sollen zunächst die des Strafrechts gehören, wobei immanente Schranken aller Grundrechte nur die Strafrechtsnormen sein sollen, die materiell-rechtlich Kriminalunrecht sind, also sich im Bewußtsein der Rechtsgenossen als „crimen" darstellen[122]. Des weiteren unterfallen *Dürigs* Auffassung gemäß auch die traditionellen Schutzgüter der polizeilichen Generalklausel dem Begriff der elementaren Ordnungsnormen. Er bezeichnet daher auch die These von den absolut „polizeifesten" Grundrechten rechtlich als irreführend. Kein Grundrecht sei so „polizeifest", daß es seine deliktische Ausübung gestatte, ohne daß die Polizei auf Kosten dieses Grundrechts dem drohenden Kriminalunrecht vorbeugen, das begonnene Unrecht anhalten oder das geschehene Unrecht festhalten dürfe[123]. Darüber hinaus könne sich die polizeiliche Gefahrenabwehr aber auch auf solche, für das menschliche Zusammenleben unerträglichen Störungstatbestände erstrecken, die nicht strafrechtlich typisiert sind. Dieser Restbestand unerläßlicher Voraussetzungen eines gedeihlichen menschlichen Zusammenlebens werde durch den Begriff der „öffentlichen Ordnung" als zweite Komponente der polizeilichen Generalklausel gewährleistet[124]. *Dürig* sieht daher in den polizeilichen Maßnahmen der Hinderung, Hemmung oder Sistierung gegen eine Grundrechtsausübung, von der Störungen für das gedeihliche menschliche Zusammenleben ausgehen, keine „Grundrechtseinschränkung", sondern eine Verweisung des Störers in die von vorneherein bestehenden Schranken, in das, was ihm an ursprünglicher Rechtsmacht zugestanden hat, in die Grenzen ordnungskonformer Grundrechtsausübung.

cc) Kritik an der Theorie der Schrankentrias des Art. 2 Abs. 1 als mittelbarer Verfassungsvorbehalt

Obwohl in der Literatur[125] die mittelbare Anwendung der Schrankentrias auf alle Einzelfreiheitsrechte auch derzeit noch weitgehend bejaht wird, ist diese Auffassung doch abzulehnen. Zwar kann nicht außer acht

---

120 So Wolff, VerwR, Bd. 1, S. 207.

121 Dürig, in: Maunz / Dürig / Herzog, GG, Art. 2 Rdnr. 75.

122 Dürig, in: Maunz / Dürig / Herzog, GG, Art. 2 Rdnr. 76.

123 Dürig, in: Maunz / Dürig / Herzog, GG, Art. 2 Rdnr. 79.

124 Dürig, in: Maunz / Dürig / Herzog, GG, Art. 2 Rdnr. 80, 81.

125 Vgl. Teil II FN 107.

gelassen werden, daß auch und insbesondere Tätigkeiten, die auf der Grundlage vorbehaltloser Freiheitsrechte ausgeübt werden, in die Sozialbeziehungen der Gemeinschaft eingebunden sind. Sie bedürfen daher, sobald sie die soziale Ebene betreten, von Anfang an genau festgelegter, präziser Beschränkungsmodalitäten, weil sich ihre Ausübung nachteilig einschränkend und in die Rechte der anderen Grundrechtsträger eingreifend auswirken würde. Gerade im Hinblick auf die vorbehaltsfreien Grundrechte erschiene es daher überaus begrüßenswert, wenn die Verfassung selbst eine Schranke zur Einschränkung dieser „ungezügelten“ Freiheiten bereit halten würde, auf die man die im Interesse der Allgemeinheit erforderlichen Restriktionen zurückführen und stützen könnte. *Bethge* ist insofern zuzustimmen, als daß damit das Zurückgreifen auf andere möglicherweise verwaschene, unpräzise Verfassungsvorbehalte vermieden würde und für jedes Freiheitsrecht vorhersehbar und überprüfbar seine Grenzen von vorneherein bestimmt werden könnten. Andererseits kann nicht darüber hinweggesehen werden, daß sich im Falle der Bejahung der allgemeinen Anwendbarkeit der Schrankentrias nicht zu beseitigende Ungereimtheiten ergäben, die im folgenden aufgezeigt werden sollen. *Dürigs* Betrachtung des Art. 2 Abs. 1 GG als beispielhaftes Modell, als objektive Verfassungsentscheidung, impliziert den drei Schranken einen rechtlich höheren Rang als den Spezialvorbehalten der Einzelgrundrechte[126], ohne daß er den Nachweis für die Richtigkeit dieser Annahme erbringt. *Dürig* bejaht zwar, daß Art. 2 Abs. 1 GG das allgemeinste Freiheitsrecht darstellt und seine Beschränkungsmöglichkeiten weiter gehen als bei anderen Grundrechten. Hieraus jedoch Rückschlüsse auf die anderen Grundrechte zu ziehen, widerspricht dem Grundsatz des „argumentum a maiore ad minus“, wonach man im Grundrechtsbereich nur von den Schranken eines besonders stark gesicherten Freiheitsrechts ausgehend Rückschlüsse auf die Schutzintensität eines eindeutig schwächer geschützten Freiheitsrechts ziehen darf, nicht jedoch umgekehrt[127].

Auch die Bestimmung des Umfangs der drei immanenten Schranken weist Unklarheiten auf, die auch *Dürig* trotz starken Bemühens nach Begriffsdefinition und -erläuterung nicht zu beseitigen vermag. Indem *Dürig* unter den Begriff der „Rechte anderer“ alle subjektiven privaten und öffentlichen Rechte Dritter subsumiert, werden damit diese Rechte — gleichgültig ob verfassungsrechtlich geschützt oder nicht — zur allgemeinen Grundrechtsschranke sämtlicher Freiheitsrechte erhoben und damit alle Grundrechte einfachgesetzlicher Disposition unterworfen[128].

---

126 So auch Ridder / Stein, DÖV 1962, 367.

127 Ridder / Stein, DÖV 1962, 367.

128 So Diss. Wülfing, S. 109.

Diese Ansicht steht auch im Gegensatz zu der des BVerfG[129], wonach nur solche kollidierenden Freiheitsrechte Dritter zur Grundrechtseinschränkung berechtigen, die selbst verfassungrechtlich geschützt sind. Darüber hinaus würde die Schranke der „Rechte anderer", so verstanden, daß keine Grundrechtsausübung die Rechte anderer verletzen darf, die Konsequenz mit sich bringen, daß immer das in Anspruch genommene Grundrecht dem gefährdeten Recht des anderen weichen müßte. *Lerche*[130] verdeutlicht die Unrichtigkeit dieser Aussage an dem Beispiel, in dem das Grundrecht auf Leben dann grundsätzlich zurücktreten müßte, wenn seine Ausübung die Rechte Dritter gefährden würde. Damit würde das Problem der Kollision der Grundrechte dadurch gelöst, daß man die Rechtsgüter in „angreifende" und „angegriffene" aufteilt und die letzteren immer die schutzwürdigeren sind. *Wülfing*[131] bemerkt zu Recht, daß im Normalfall des Aufeinanderprallens subjektiver Rechte eine solche Rollenverteilung kaum möglich, vielmehr willkürlich ist. Er meint daher, eine Rechtsgüterkollision könne nur dadurch gelöst werden, daß der Vorrang einer der konkret beteiligten Grundrechtsnormen erwiesen sei.

Auch die Schranke des „Sittengesetzes" ist zur Anwendung als generelle Freiheitsschranke ungeeignet. Der Inhalt dieses verfassungsrechtlichen Begriffs ist aus dem Gesamtzusammenhang der Verfassung und durch Verfassungsauslegung zu ermitteln[132]. *Dürigs* Interpretation des „Sittengesetzes" als das „Anstandsgefühl aller billig und gerecht Denkenden" stützt sich auf die Rechtsprechung des Reichsgerichtes zu § 138 BGB[133], der auch heute noch vorgeworfen wird, sie ersetze einen ausfüllungsbedürftigen Wertmaßstab („Generalklausel") durch einen anderen[134], bei dem es noch dazu auf das herrschende Volksbewußtsein, das Durchschnittsempfinden ankommt. Es wird damit auf diejenigen sittlichen Normen verwiesen, die die Allgemeinheit als richtig anerkennt und für ein Zusammenleben sittlicher Wesen als verbindlich betrachtet[135]. Bedenkt man, daß die herrschenden Moral- und Wertvorstellungen einem ständigem Wandel unterworfen sind, insbesondere auch der Einfluß staatlicher Propaganda eine wesentliche Rolle spielt, so wird klar, daß der Vorbehalt des „Sittengesetzes" zu einem Hebel hoheitlicher Einflußnahme im gesellschaftlichen Bereich gebraucht und mißbraucht werden kann. Einer Schranke, die einer

[129] BVerfGE 28, 243 (261).

[130] Lerche, Übermaß und Verfassungsrecht, S. 293.

[131] Diss. Wülfing, S. 110.

[132] Hesse, S. 25.

[133] RGZ 48, 124; 150, 5.

[134] So etwa Jauernig, BGB, § 138 2. a.

[135] Dürig, in: Maunz / Dürig / Herzog, GG, Art. 2 Rdnr. 16.

jederzeitigen so gravierenden Wandelbarkeit unterworfen ist, ist daher die Generalität ihrer Aussage zu versagen. Selbst *Graf*[136], der sich ansonsten für die generelle Anwendbarkeit der Schrankentrias ausspricht, konzediert, daß sich der Begriff des „Sittengesetzes“ mit juristischen Mitteln kaum oder nur sehr schwer erfassen lasse, da es sich a priori um einen außerjuristischen Begriff handle, dessen Inhalt sich nicht eindeutig und abschließend feststellen lasse. Die Unterwerfung der Arbeitskampffreiheit unter die Schranke des „Sittengesetzes“ sähe sich insbesondere der Gefahr ausgesetzt, je nach politischer Linie, innerstaatlichen oder außenpolitischen Gegebenheiten und der daraus resultierenden Durchschnittsanschauung eine unterschiedliche, vorher nicht ohne weiteres erkennbare Behandlung zu erfahren. Damit stände der Grundrechtsschutz der am Arbeitskampf beteiligten Personen, mithin der Minderheit, zur Disposition der jeweiligen Mehrheit und ihrer Moralvorstellungen[137].

Auch die „verfassungsmäßige Ordnung“ als dritte Schranke des Art. 2 Abs. 1 GG, von *Huber*[138] als „Freiheitsschranke von bemerkenswerter Unbestimmtheit“ bezeichnet, ist für eine generelle Anwendbarkeit zur Grundrechtsbegrenzung ungeeignet. Die von *Dürig*[139], *Huber*[140] und *Nipperdey*[141] vertretene Gemeinwohlklausel verdreht das Rangverhältnis zwischen Strafrecht und Verfassungsrecht, denn nach Auffassung dieser Autoren haben die strafrechtlichen Normen determinierende Kraft gegenüber dem Geltungsbereich der Grundrechte. Dies widerspricht jedoch der Funktion des Verfassungsrechts, denn an ihm wird die Verfassungsmäßigkeit auch der Strafrechtsbestimmungen und ihre Vereinbarkeit mit den allgemeinen Verfassungsprinzipien gemessen[142]. Es sind also die Strafrechtsbestimmungen, die durch das Verfassungsrecht begrenzt werden, nicht das Verfassungsrecht bzw. die Grundfreiheiten, die durch die Strafrechtsbestimmungen eingeschränkt werden. Dies entspricht auch der Intention des Verfassungsgesetzgebers, der mit Ausnahme des Art. 9 Abs. 2 GG auf einschneidende Schrankenvorbehalte zugunsten der Strafgesetze verzichtet hat[143].

---

136 Diss. Graf, S. 138, 133.

137 So auch Diss. v. Nieuwland, S. 43.

138 Huber, DÖV 1956, 135.

139 Dürig, in: Maunz / Dürig / Herzog, GG, Art. 2 Rdnr. 75.

140 Huber, DÖV 1956, 136 ff.

141 Nipperdey, in: Die Grundrechte, Bd. IV/2, S. 818 f.

142 Müller, Positivität der Grundrechte, S. 45 f., 79.

143 Vgl. im Unterschied etwa dazu die *Paulskirchenverfassung* vom 28. 3. 1849, worin es im Anschluß an die Gewährleistung der Glaubens- und Gewissensfreiheit sowie der Religionsfreiheit des § 144 in § 145 Abs. 2 heißt: „Verbrechen und Vergehen, welche bei Ausübung dieser Freiheiten begangen werden, ... sind nach dem Gesetz zu bestrafen.“

Die „Gemeinwohlklausel" *Dürigs* und anderer bedeutet eine Verlagerung grundrechtlicher Spannunglagen auf die Ebene einfachen (Straf-) Gesetzesrechts[144] und die Preisgabe des Vorrangs des Verfassungsrechts an einer für die Liberalität der gesamten Rechtsordnung entscheidenden Stelle. Die von *Bettermann*[145] als Wechselwirkung zwischen Grundrechten und der öffentlichen Sicherheit und Ordnung bezeichnete Beziehung ist abzulehnen. Auch der Einbeziehung der polizeilichen Generalklausel in den Begriff der „verfassungsmäßigen Ordnung", wie *Dürig* dies bejaht, kann nicht zugestimmt werden. Insbesondere der Begriff der „öffentlichen Ordnung"[146], die zweite Komponente der polizeilichen Generalklausel, ist trotz jahrzehntelanger Judikatur viel zu unbestimmt, um der Normativität der Verfassung gerecht zu werden. Damit würden die Grundrechte einer Norm unterstellt, die den einzelnen nicht als Rechtsnorm, sondern kraft ihrer faktischen Anerkennung als „Wertvorstellung" einer „überwiegenden Mehrheit der Bevölkerung" bindet[147]. Damit ist jedoch noch nicht gesagt, daß alle Grundrechte immer „polizeifest" sind. Es wurde lediglich die Subsumtion der polizeilichen Generalklausel unter den Begriff der „verfassungsmäßigen Ordnung" des Art. 2 Abs. 1 GG abgelehnt, was nicht bedeuten soll, daß damit jegliche grundrechtliche Bindung bzw. Beschneidung auf der Grundlage der polizeilichen Generalklausel ausgeschlossen ist.

Zusammenfassend ist festzuhalten, daß auch der mittelbaren Anwendung der Schrankentrias, wie sie von *Dürig* vertreten wird, entgegenzutreten ist, weil sie zur Aufhebung der Identität der Verfassungsnorm führen würde. Denn je nachdem, ob man den „Soweit-Satz" als Schranke der allgemeinen Handlungsfreiheit des Art. 2 Abs. 1 GG oder aber als allgemeinen Gemeinschaftsvorbehalt für alle Freiheitsrechte anwendet, wird ihm eine unterschiedliche Bedeutung entnommen; er erfährt damit je nach Anwendungsbereich eine unterschiedliche Interpretation[148]. Auch *v. Hippel*[149] lehnt die auf den Triasvorbehalt des Art. 2 Abs. 1 GG zurückgreifenden Theorien ab, denn

---

[144] Diss. Wülfing, S. 111; Diss. v. Nieuwland, S. 45.

[145] Bettermann, Grenzen der Grundrechte, S. 19, der ebenfalls annimmt, daß die polizeiliche Generalklausel die Grundrechte begrenzt.

[146] Hierunter versteht man die Gesamtheit der ungeschriebenen Regeln für das Verhalten des einzelnen in der Öffentlichkeit, deren Beachtung nach den jeweils herrschenden Anschauungen als unerläßliche Voraussetzung eines geordneten staatsbürgerlichen Zusammenlebens betrachtet wird (so die polizeirechtliche Definition vgl. Götz, S. 45).

[147] Götz, S. 45.

[148] Schulz-Schaeffer, Der Freiheitssatz des Art. 2 Abs. 1 GG, spricht von „dogmatisch kaum haltbarer Konsequenz".

[149] v. Hippel, S. 32/33.

auch für ihn haben die drei Schranken keinen eindeutigen, ohne weiteres erkennbaren Inhalt. Zumindest in kritischen Grenzfällen müsse der Inhalt erst noch ermittelt werden, wobei die Inhaltsermittlung darauf hinauslaufen werde, daß man in die Begriffe zunächst „teleologisch das hineinsteckt, was man ihnen dann anschließend entnehmen will". *v. Hippel* stellt daher die Frage, ob der Rückgriff auf die Schrankentrias nicht nur einen „rein psychologischen (Beruhigungs-)Wert" hat. Insgesamt ist daher die Anwendung der Schrankentrias, in welcher Form auch immer, auf die übrigen Freiheitsrechte und damit auch auf Art. 9 Abs. 3 Satz 3 GG entgegen der in der Literatur weithin herrschenden Meinung abzulehnen.

2. Einschränkung durch den kommunikationsrechtlichen Schrankenvorbehalt der „allgemeinen Gesetze" analog zu Art. 5 Abs. 2 GG

a) Anwendbarkeit der Schranke der „allgemeinen Gesetze" als verfassungsunmittelbare Schranke aller Kommunikationsgrundrechte

Eine prinzipielle Schranke auch der Koalitionsfreiheit des Art. 9 Abs. 3 GG findet sich nach überwiegender Auffassung in Schrifttum und Rechtsprechung[150] in den „allgemeinen Gesetzen" des Art. 5 Abs. 2 GG.

Zwar bezieht sich die Schranke der „allgemeinen Gesetze" ausdrücklich ihrem Wortlaut nach nur auf die Freiheitsrechte des Art. 5 Abs. 1 GG. Die kommunikative Natur der Koalitionsfreiheit bewirkt aber eine Anfügung dieses Grundrechts an die Kommunikationsgrundrechte des Art. 5 Abs. 1 GG als deren Zentrum, sowie an Art. 8 und 9 Abs. 1 GG. Daher ist auch die Koalitionsfreiheit dem zentralen Schrankentyp, der in den „allgemeinen Gesetzen" des Art. 5 Abs. 2 GG zum

[150] So etwa bei Scholz, Koalitionsfreiheit, S. 335; Bettermann, Grenzen der Grundrechte, S. 22; Lerche, Verfassungsrechtliche Zentralfragen, S. 34; Scholz, in: Maunz / Dürig / Herzog, GG, Art. 9 Rdnr. 348/349; BAGE 20, 175 (218, 225); ablehnend Wiedemann, RdA 1969, 321 (330), nach dem die Einschränkung des Art. 9 Abs. 3 GG analog den „allgemeinen Gesetzen" des Art. 5 Abs. 2 GG kein sachliches Kriterium dafür bietet, festzustellen, wie weit die Freiheit des Grundrechts reicht; ebenso Säcker, Grundprobleme S. 19 FN 12: der Versuch, externe Schrankenbestimmungen anderer Grundrechte unmittelbar oder sinngemäß auf vorbehaltlos gewährleistete Grundrechte anzuwenden, werde den Besonderheiten der sachbestimmten Einzelgrundrechte der Art. 2 Abs. 2 ff. GG, insbesondere der darin enthaltenen abgestuften Schrankensystematik der einzelnen Grundrechtsnormen nicht gerecht. Säcker will daher den Geltungsbereich schrankenlos gewährleisteter Grundrechte allein durch Interpretation und Konkretisierung der jeweiligen Grundrechtsnormen abgrenzen (Ermittlung des normativen Eigengehalts).

Ausdruck kommt, unterworfen. Diese Schranke ist nicht abschließend, sie hat vielmehr nur beispielgebende Bedeutung. Sie ist nicht auf die Meinungsäußerungsfreiheit als solche beschränkt, sondern erfaßt auch alle entsprechenden Grundrechtsgewährleistungen.

Die Freiheitsrechte der Art. 5, 8 und 9 GG bilden einen Komplex sachlich verwandter Garantien. Sie beruhen auf identischer Gewährleistungsidee und sind daher auch einem einheitlichen Schrankenverständnis zu unterwerfen. Anderes kann nur gelten, wenn es zum spezifischen Sinn der Koalitionsfreiheit gehört, gewisse allgemeine Schranken zu sprengen, d. h. wenn anders dieses Grundrecht nicht effektiv werden könnte.

Auch die oben im 2. Teil, Abschnitt III. C. 2. geschilderte Auslegung des Art. 9 Abs. 2 GG bestätigt, daß die „allgemeine Gesetze" die typische Schranke jeder Kommunikationsfreiheit verkörpern. Zwar erwähnt Art. 9 Abs. 2 GG nur die Strafgesetze. Nachdem hierunter, wie oben ausgeführt, jedoch nur solche zu verstehen sind, die sich nicht gegen eine spezifische Form der Koalitionsgründung oder -betätigung richten, die also als „allgemeine Strafgesetze" zu verstehen sind, hebt Art. 9 Abs. 2 GG insoweit aus dem Gesamtbereich der „allgemeinen Gesetze" einen ganz bestimmten Ausschnitt heraus. Art. 9 Abs. 2 GG, bzw. die darin erwähnten „Strafgesetze", bilden also einen Sonderfall der „allgemeinen Gesetze"[151].

Auch *Bettermann*[152] versteht die „allgemeinen Gesetze" als Schranke aller Kommunikationsgrundrechte. Er sieht diese Schranke als Ausdruck des Gleichheitsgrundsatzes; durch sie soll eine Privilegierung verhindert werden. Bezogen auf Art. 5 Abs. 1 GG bedeute die Begrenzung, daß sich niemand zur Übertretung der allgemeinen, d. h. nicht speziell gegen die Rechte aus Art. 5 Abs. 1 GG gerichteten Gesetze auf die Meinungs-, Informations-, Presse-, Rundfunk- und Filmfreiheit berufen kann. Auch Presse, Film und Rundfunk seien durch die für alle verbindlichen Gesetze begrenzt und gebunden. Daher bedürfen nach *Bettermann* alle diejenigen Grundrechte des Vorbehalts der „allgemeinen Gesetze", bei deren Gebrauch die Gefahr der Begründung von Privilegien besteht und damit die Gleichheit aller Bürger vor dem Gesetz in Frage steht. Diese Gefahr sieht *Bettermann* bei zwei Gruppen von Grundrechten: zum einen bei Grundrechten, die die Freiheit der Kundgabe von Überzeugungen betreffen; zum anderen bei solchen, die die Gruppenbildung schützen oder die sie ermöglichen. Die Träger dieser Grundrechte seien berechtigt, aufgrund

---

[151] Vgl. hierzu Lerche, Verfassungsrechtliche Zentralfragen, S. 34; Scholz, Koalitionsfreiheit, S. 335.

[152] Bettermann, Grenzen der Grundrechte, S. 25 ff.

ihrer abweichenden Überzeugung oder wegen ihrer Zugehörigkeit zu einer bestimmten Bevölkerungsgruppe sich den für alle geltenden Gesetzen zu widersetzen. *Bettermann* unterstellt daher neben den Freiheiten des Glaubens, Gewissens, Bekenntnisses, Kultus, der Meinungsäußerung und Information, Presse, Publikation, der Kunst und Wissenschaft, Forschung und Lehre auch die Versammlungs- und Vereinigungsfreiheit (und damit auch die Koalitionsfreiheit als Spezialfall der Vereinigungsfreiheit) dem Vorbehalt der „allgemeinen Gesetze". Denn auch die letztgenannten Grundrechte gewähren das Recht zur Meinungs- wie Gruppenbildung, weshalb auch ihre Inanspruchnahme die Gleichheit aller Bürger beeinträchtigen kann. Nach Auffassung *Bettermanns* kann sich der einzelne nicht seiner privaten oder öffentlichen Verpflichtungen entziehen, indem er seine Rechte kollektiv ausübt. Denn auch in der Assoziation von Bürgern sind die gleichen Pflichten zu erfüllen und dieselben Schranken einzuhalten, die dem einzelnen von Staats wegen auferlegt und gesteckt worden sind. Daher bestünden auch die Freiheitsrechte des Art. 8 und 9 GG nur im Rahmen der „allgemeinen Gesetze", deren Schranken auch hier nützlich und nötig seien[153].

Auch das BAG[154] bejaht die Pflicht der Koalition zur Beachtung der „allgemeinen Gesetze", die für jedermann gelten, sofern die „allgemeinen Gesetze" nicht den Kernbereich der Funktionsgarantie verletzen. Art. 9 Abs. 3 GG räume den Koalitionen nicht eine Tarifmacht ein, wonach Ungesetzliches durch Tarifvertrag vereinbart werden kann. Hier versage die Tarifmacht. Der einfache Gesetzgeber habe das Recht, die Koalitionen dahingehend zu verpflichten, bei deren Betätigung im Bereich der Tarifautonomie die „allgemeinen Gesetze" zu beachten, allerdings nur so weit, wie nicht der Kernbereich der Funktionsgarantie angetastet würde[155].

Auch die gesetzgeberische Ermächtigung zur organisationsrechtlichen Ausgestaltung steht ihrerseits unter dem Vorbehalt der „allgemeinen Gesetze"[156]. Der Gesetzgeber ist berufen und imstande, „die grundsätzlichen Startbedingungen und die grundsätzlichen Instrumente" zu schaffen, „auf deren Basis und mit deren Möglichkeiten der Auseinandersetzungsprozeß der Sozialpartner überhaupt erst stattfinden kann"[157]. Das bedeutet, daß organisatiosrechtliche Maßnahmen des Gesetzgebers gegenüber der Koalitionsfreiheit nur insoweit zulässig sind,

153 Bettermann, Grenzen der Grundrechte, S. 27/28.

154 BAGE 20, 175 (218).

155 BAGE 20, 175 (225).

156 Scholz, Koalitionsfreiheit, S. 348/349; Scholz, in: Maunz / Dürig / Herzog, GG, Art. 9 Rdnr. 349.

157 Vgl. Lerche, Verfassungsrechtliche Zentralfragen, S. 37.

wie die konkrete Maßnahme keinen die Koalitionsfreiheit sonderrechtlich beschränkenden Inhalt hat (daher kein Arbeitskampfverbot durch organisationsrechtliche Regelung)[158].

Nach alledem ist auch die Koalitionsfreiheit und damit auch das Recht auf Arbeitskampf im Notstand nach Art. 9 Abs. 3 Satz 3 GG an die Schranke der „allgemeinen Gesetze" gebunden.

b) Begriffsbestimmung der „allgemeinen Gesetze"

Nachdem die Anwendbarkeit der „allgemeinen Gesetze" als Schranke auch für Art. 9 Abs. 3 Satz 3 GG im vorangegangenen Abschnitt bejaht wurde, soll nun geklärt werden, was unter diesem Begriff zu verstehen ist, bzw. welches Ausmaß der Einschränkung zu Lasten der Arbeitskampfschutzklausel aus dieser Freiheitsbegrenzung abzuleiten ist. Die Formulierung wurde vom Parlamentarischen Rat aus Art. 118 Satz 1 *Weimarer Verfassung* übernommen, worin es hieß:

„Jeder Deutsche hat das Recht, innerhalb der Schranken der allgemeinen Gesetze seine Meinung durch Wort, Schrift, Druck, Bild oder in sonstiger Weise frei zu äußern."

Bereits in der *Weimarer Zeit* war die Auffassung vorherrschend, die in den „allgemeinen Gesetzen" den Gegensatz zu „besonderen Gesetzen" sah. Das Wesensmerkmal der besonderen Gesetze lag darin, daß sie sich ihrem Inhalt bzw. ihrer Zielrichtung nach erkennbar gegen das Grundrecht der Meinungsäußerungsfreiheit richteten[159]. Die Literatur schloß sich dieser Interpretation der Schranke der „allgemeinen Gesetze" i. S. d. Art. 5 Abs. 2 GG inhaltlich voll an und hält auch heute noch an dieser Deutung fest[160]. Der Vorbehalt der „allgemeinen Gesetze" ist danach nicht als allgemeiner Gesetzesvorbehalt zu verstehen. Er errichtet keinen Vorbehalt der „Eingriffsallgemeinheit", sondern den minderen Vorbehalt des bloß „allgemeinen Eingriffs". Das allgemeine Gesetz steht in diesem Zusammenhang nicht als Gegensatz zum Individualgesetz, also zum Einzelfall- oder Einzelpersonengesetz, sondern es bedeutet die „lex generalis" im Gegensatz zur „lex specialis".

---

158 So Scholz, Koalitionsfreiheit, S. 348/349; anders Lerche, Verfassungsrechtliche Zentralfragen, S. 37 ff.: Er sieht die Grenzziehungen der Koalitionsfreiheit mit der Herausstellung der „allgemeinen Gesetze" noch nicht als erschöpft an. Mit Ausnahme eines Kernbereichs des Tarifvertragssystems sei dem Staat kein Regelungsgegenstand verschlossen. *Lerche* zieht die Tabuzone dort, wo ansonsten das Grundrecht der Koalitionsfreiheit mittelbar ausgehöhlt würde. Diese Meinung sieht er bestätigt durch die Judikatur des BVerfG in E 4, 107 ff., wonach die Entwicklung der Koalition „nicht sachwidrig gehemmt oder in ihrem Kern angetastet werden darf".

159 Herzog, in: Maunz / Dürig / Herzog, GG, Art. 5 Rdnr. 250.

160 Stellvertretend für viele Bettermann, Grenzen der Grundrechte, S. 22 ff.; Scholz, Koalitionsfreiheit, S. 336; Hesse, S. 163.

Wäre nämlich die erstgenannte Auslegung richtig, würde der Wortlaut in Art. 5 Abs. 2 GG eine reine Wiederholung des Art. 19 Abs. 1 GG darstellen ohne eigene inhaltliche Bedeutung. Daher werden die „allgemeinen Gesetze" richtigerweise definiert als solche Gesetze, die sich nicht speziell oder gar ausschließlich mit der Meinungs- und Pressefreiheit befassen und diese nicht speziell oder ausschließlich einschränken. Sie enthalten mithin kein Sonderrecht gegen Presse und freie Meinung. Art. 5 Abs. 2 GG untersagt damit jede Schrankengesetzgebung, die sich speziell gegen die Meinungsäußerungsfreiheit bzw. gegen die Freiheit von Überzeugungsbildung oder Freiheit zur Gruppenbildung richtet oder gegen diese Freiheiten als solche. Vielmehr unterliegen die genannten Freiheiten nur solchen Beschränkungen, die allgemein, d. h. unabhängig von diesen Freiheiten gelten und die Freiheiten also nur reflexiv berühren. Umgekehrt ist damit jede Rechtsnorm unzulässiges Sondergesetz, die sich nach Zielrichtung oder Auswirkung gegen diese Freiheiten schlechthin richtet[161]. Bezogen auf die Meinungsäußerungsfreiheit bedeutet dies, daß die Freiheit des geistigen Prozesses nicht durch solche Sonderrechte beeinträchtigt werden darf, die die geistige Wirkung reiner Meinungsäußerung zu unterbinden suchen. Denn durch gezielte Beschränkungen würde die Meinungsfreiheit ihre Aufgabe im Rahmen der verfassungsmäßigen Ordnung verfehlen[162].

Ausgehend von dieser Grundauffassung hat daher *Bettermann*, wie schon oben dargestellt, zu Recht den Standpunkt vertreten, daß das allgemeine Gesetz also nur die inhaltlich-allgemeine Beschränkung hinnimmt, da hinter ihm der Gleichheitsgrundsatz steht, der die Privilegierung der Religions-, Publikations- und Assoziationsfreiheit zu verhindern sucht. *Bettermann* bezeichnet daher diejenigen Normen als allgemeine Gesetze, deren Nichtanwendung auf diese Grundrechte und ihre Träger die Gleichheit aller Bürger vor dem Gesetz verletzen würde. Dieser spezielle Gleichheitsgrundsatz beschränke alle diejenigen Grundrechte, deren Inanspruchnahme zur ungleichen Anwendung der für alle geltenden Gesetze führen würde, denn kein Freiheitsrecht befreie von der Geltung des Gleichheitsgrundsatzes. Die Grundrechte seien und gewährten keine Privilegien; daher dürften sie nicht so ausgelegt werden, daß bestimmte Gruppen oder Mächte Vorrechte genießen.

Diese Auffassung, die also nur solche Gesetze als nicht verfassungsmäßig betrachtet, die sich in ihrer Zielrichtung unmittelbar gegen das Grundrecht der Meinungsäußerungsfreiheit selbst richten, ver-

---

161 Bettermann, Grenzen der Grundrechte, S. 22.

162 Hesse, S. 163.

trat auch das BVerfG, bis es sich ihr erstmals im „Lüth-Urteil“[163] widersetzt hat. Dieses Urteil erging auf die Verfassungsbeschwerde des Hamburger Senatsdirektors Lüth, der öffentlich zum Boykott eines Films aufrief, der nach Drehbuch und unter Regie Veit Harlans, eines Regisseurs, der während des Dritten Reiches im nationalsozialistischen Filmgeschäft besonderes Ansehen genoß, produziert wurde. Ausgangspunkt der Entscheidung war die Meinungsäußerungsfreiheit und ihre Bedeutung im freiheitlichen demokratischen Staat. Das BVerfG sah es als nicht folgerichtig an, die sachliche Reichweite gerade dieses Grundrechts jeder Relativierung durch einfaches Gesetz zu überlassen[164]. Vielmehr müßten die „allgemeinen Gesetze“ in ihrer das Grundrecht beschränkenden Wirkung ihrerseits im Lichte der Bedeutung dieses Grundrechts gesehen und so interpretiert werden, daß der besondere Wertgehalt dieses Rechts, der in der freiheitlichen Demokratie zu einer grundsätzlichen Vermutung für die Freiheit in allen Bereichen, vor allem im öffentlichen Leben führen muß, auf jeden Fall gewahrt bleibt. Das BVerfG nimmt daher eine „Wechselwirkung“ zwischen dem Grundrecht und den „allgemeinen Gesetzen“ vor, und zwar in dem Sinne, daß die „allgemeinen Gesetze“ zwar dem Wortlaut nach dem Grundrecht Schranken setzen, ihrerseits aber aus der Erkenntnis der wertsetzenden Bedeutung dieses Grundrechts im freiheitlich demokratischen Staat ausgelegt und in ihrer das Grundrecht begrenzenden Wirkung selbst wieder eingeschränkt werden müssen[165]. Bei dieser Auslegung ist unter Berücksichtigung aller Umstände des Falles abzuwägen, ob gerade der durch die Meinungsäußerung Verletzte für seine in den allgemeinen Gesetzen geschützten Interessen tatsächlich höheren Rang beanspruchen kann. So heißt es in der Entscheidung:

> „Wird durch Meinungsäußerung ein gesetzlich geschütztes Rechtsgut eines anderen beeinträchtigt, dessen Schutz gegenüber der Meinungsfreiheit den Vorrang verdient, so wird dieser Eingriff nicht dadurch erlaubt, daß er mittels einer Meinungsäußerung begangen wird. Das Recht zur Meinungsäußerung muß zurücktreten, wenn schutzwürdige Interessen eines anderen von höherem Rang durch die Betätigung der Meinungsfreiheit verletzt würden.
>
> Ob solche überwiegenden Interessen vorliegen, ist aufgrund aller Umstände des Falles zu ermitteln[166].“

Die Auffassung des BVerfG führt also letztlich zu einer Güterabwägung zwischen der Meinungsäußerungsfreiheit und dem von dem je-

---

[163] BVerfGE 7, 198.
[164] BVerfGE 7, 198 (208).
[165] BVerfGE 7, 198 (208 f.).
[166] BVerfGE 7, 198 (210).

weils einschränkenden Gesetz geschützten Rechtsgut. Das BVerfG definiert daher den Begriff wie folgt:

> „allgemeine Gesetze" sind alle diejenigen Gesetze, die nicht eine Meinung als solche verbieten, die sich nicht gegen die Äußerung der Meinung als solche richten, die vielmehr dem Schutze eines schlechthin ohne Rücksicht auf eine bestimmte Meinung zu schützenden Rechtsguts dienen, dem Schutze eines Gemeinschaftswertes, der gegenüber der Betätigung der Meinungsfreiheit den Vorrang hat[167].

Bezogen auf den Vorbehalt der „allgemeinen Gesetze" als Schranke aller Kommunikationsgrundrechte führt das BVerfG in einer späteren Entscheidung[168] aus, sei das „allgemeine Gesetz" im Lichte der Bedeutung des Grundrechts zu sehen und daher so auszulegen, daß der Wertgehalt des Grundrechts auf jeden Fall gewahrt bleibt und daß der grundsätzlichen Vermutung für die vom Grundrecht gewährte Freiheit Rechnung getragen wird.

Diese Verfassungsrechtsprechung ist in der Literatur auf nachhaltigen Widerspruch gestoßen. Zum einen bezieht sich die Kritik auf die Güterabwägung, die das BVerfG vornimmt. An ihr wird zu Recht bemängelt, daß sie nicht als abstrakte Abwägung abstrakter Rechtsgüter durchgeführt wird, sondern, wie sich dies auch aus obiger Darstellung ergibt, zu einer Abwägung im Einzelfall, d. h. zu einer gegenseitigen Abwägung des Verhaltens zweier Personen, zur Interessenabwägung fortentwickelt wurde[169]. Dieser „Güterabwägung im Einzelfall" ermangelt es an Rechtssicherheit und Vorhersehbarkeit staatlicher, insbesondere verfassungsgerichtlicher Entscheidungen. Der einzelne Bürger ist nicht in der Lage, vor oder bei Inanspruchnahme eines Kommunikationsgrundrechts dessen Grenzen von vorneherein zu erkennen, da sich diese erst im Zusammentreffen, um nicht zu sagen in der Kollisionslage, mit den Grundrechten des oder der anderen Personen ergeben.

Auch der Vorwurf, das BVerfG habe im „Lüth-Urteil" einen Zirkelschluß vorgenommen, ist nicht von der Hand zu weisen. Einerseits beschränkt das BVerfG Art. 5 Abs. 1 GG (und alle anderen Kommunikationsgrundrechte) durch die „allgemeinen Gesetze" des Art. 5 Abs. 2 GG. Andererseits beschränkt es aber auch die „allgemeinen Gesetze" durch Art. 5 Abs. 1 GG bzw. die anderen Kommunikationsgrundrechte, indem es verlangt, daß auch diese Schranke im Lichte der Bedeutung des Grundrechts zu sehen und daher so — und zwar restriktiv — auszulegen seien, daß der Wertgehalt der Grundrechte in jedem Fall gewahrt bleibe. Ein Freiheitsrecht wird damit durch

[167] BVerfGE 7, 198 (209).
[168] BVerfGE 21, 271 (281).
[169] So Herzog, in: Maunz / Dürig / Herzog, GG, Art. 5 Rdnr. 260.

eine Schranke eingegrenzt, deren Inhalt selbst wieder am Freiheitsrecht zu messen und ihm zu entnehmen ist.

Trotz der hieraus resultierenden Unsicherheit in der Interpretation und Anwendung ist *Herzog*[170] insoweit zuzustimmen, als daß hieraus nicht die Unrichtigkeit dieser Verfassungsrechtsprechung abzuleiten ist. Denn gerade Art. 19 Abs. 2 GG dient als Korrektiv, nachdem sich das GG nicht in zwei Spalten aufgliedern läßt, worin auf der einen Seite die Grundrechte verbürgt, auf der anderen ihre Einschränkung durch oder aufgrund Gesetzes bestimmt werden. In jedem Fall ist der Wesensgehalt des jeweiligen Grundrechts zu respektieren und zu bewahren.

Abschließend soll auch das Verständnis *Häberles* von der Schranke der „allgemeinen Gesetze" zusammenfassend dargestellt werden. Auch er bejaht den Doppelcharakter der Grundrechte als einerseits subjektiv öffentliches Recht, andererseits als objektive Verbürgung oder Institut[171], die nicht nur des Individuums willen gewährleistet sind, sondern auch eine soziale Funktion erfüllen. Hieraus folge, daß Grundrechtsgewährleistung und Grundrechtsausübung durch eine Verschränkung von Individuum und Gemeinschaft gekennzeichnet seien, nicht durch ein Gegeneinander oder Nebeneinander, sondern vielmehr durch eine „Koinzidenz der Interessenlage"[172]. *Häberle* versteht daher die gesetzgeberische Aktualisierung der Grundrechtsschranken nicht als Eingriff oder Beschränkung, sondern als Maßnahmen zur Verwirklichung und Stärkung sowie Festigung der Grundrechte, und zwar nicht nur im öffentlichen Interesse, sondern auch im privaten Interesse. Sie sei unverzichtbare Voraussetzung für die Normativität und Normalität, die „Geltung" der Grundrechte und der Verfassung überhaupt[173]. Nach Auffassung von *Häberle* ergänzen sich die Grundrechte zu einem einheitlichen System, sie stehen mit den anderen Verfassungsrechtsgütern in einem Verhältnis gegenseitiger Bedingtheit; Inhalt und Grenzen seien daher im Hinblick auf die anderen Verfassungsrechtsgüter zu bestimmen. Die Grenzziehung bewirke ein Zueinander-in-Beziehung-Treten der einzelnen Verfassungsrechtsgüter; als Mittel der Grenz- und Inhaltsbestimmung diene der Grundsatz der Güterabwägung. Trotz der spezifischen Wertrelation aufgrund der Eigenart eines jeden Grundrechts stehe jedes Grundrecht aufgrund seiner Eingebundenheit in das verfassungsrechtliche Wertsystem unter dem Vorbehalt der „allgemeinen Gesetze"[174]. „Allgemein" bedeutet

---

170 So Herzog, in: Maunz / Dürig / Herzog, GG, Art. 5 Rdnr. 262.
171 Häberle, Wesensgehalt, S. 70 ff.
172 Häberle, Wesensgehalt, S. 21/22.
173 Häberle, Wesensgehalt, S. 203.
174 Häberle, Wesensgehalt, S. 32.

für *Häberle* materiale Allgemeinheit wie etwa bei der Auslegung des Art. 118 WRV. Danach sind die durch die allgemeinen Gesetze geschützten Rechtsgüter „allgemein gültig", d. h. sie begrenzen auch das in Frage stehende Grundrecht. Allgemeine Gesetze sind also Gesetze, die von der Verfassung als gleich- oder höherwertig ausgewiesen sind.

Dieser Vorbehalt wirkt auf die Grundrechte zum einen dadurch, daß sie nur begrenzt werden dürfen zum Schutze verfassungsrechtlich gleich- oder höherwertiger Rechtsgüter. Andererseits dürfen sie aber immer dann begrenzt werden, wenn dies zum Schutze dieser Rechtsgüter erforderlich ist[175]. Das Verhältnis zwischen dem jeweiligen Grundrecht und den allgemeinen Gesetzen ist dadurch gekennzeichnet, daß sie sich gegenseitig, d. h. wechselseitig begrenzen: die Grundrechtsauslegung hat die durch die allgemeinen Gesetze geschützten Rechtswerte zu berücksichtigen; allerdings muß auch die begrenzende Wirkung der allgemeinen Gesetze dem besonderen Wertgehalt des Grundrechts Rechnung tragen[176]. Man geht also zunächst vom Feststehenden aus, das man in Relation zu anderen Gegenständen bringt, was eine Veränderung festgedachter Verfassungsrechtsgüter mit sich bringt. Dieser Vorgang resultiert daraus, daß die Grenzen eines Rechts immer im Hinblick auf andere Rechtsgüter bestimmt werden, die ihrerseits wieder eine Zurückwirkung beinhalten. Die „Grundrechtsgröße" wird daher von Fall zu Fall neu aktualisiert, sie ist keine „fertige", fixierte Größe.

Die Ermittlung von Inhalt und Grenzen der Grundrechte sowie die damit zusammenhängende Konfliktlösung geschieht auch nach Auffassung von *Häberle* durch Güterabwägung. Allerdings bestehe zwischen den konkurrierenden Rechten kein Verhältnis der Über-Unterordnung im Sinne einer Ausspielung, vielmehr seien sie einander zuzuordnen[177]. Die Güterabwägung schaffe einen Ausgleich zwischen den kollidierenden Rechtsgütern; diese werden in das Ganze der Verfassung eingeordnet. In der Güterabwägung verwirkliche sich die Balance, in der die verfassungsrechtlichen Güter zueinander stehen. *Häberle* versteht daher die Güterabwägung als „Ausgleich und Zusammenordnung"[178]. Bei dieser Betrachtungsweise behalten auch die differenzierten Schrankenbestimmungen eigenständige Bedeutung; sie sind nicht nur deklaratorischer Natur. Im Unterschied zur nur formalen Natur des Güterabwägungsprinzips nennen die speziellen Gesetzesvorbehalte die in Frage kommenden Rechtsgüter und

---

175 Häberle, Wesensgehalt, S. 32.
176 Häberle, Wesensgehalt, S. 34.
177 Häberle, Wesensgehalt, S. 38.
178 Häberle, Wesensgehalt, S. 39.

indizieren deren Wertigkeit. Durch die Nennung konkreter Schutzgüter in den speziellen Gesetzesvorbehalten (z. B. Art. 5 Abs. 2 GG zum Schutz der Jugend) wird die Güterabwägung erleichtert und es wird gezeigt, in welcher Wertkonstellation das betreffende Grundrecht steht.

Die Kritik an *Häberles* 1962 (bzw. 1972 in zweiter und 1983 in dritter Auflage, die aber die Grundkonzeption der ersten Auflage beibehalten) erschienener Arbeit liegt auf der Hand: Auch er bejaht die Wechselwirkung zwischen Grundrecht und „allgemeinem Gesetz", wie das BVerfG im „Lüth-Urteil", wobei auch er, ebenfalls wie das BVerfG, nicht auf die Gefahr der „Schaukeltheorie" hinweist, durch die nämlich die unterverfassungsrechtlichen „allgemeinen Gesetze" zur Begrenzung der Grundrechte auf Verfassungsebene „katapultiert" werden und damit ranggleiche Konkurrenzwerte gegenüber Grundrechten darstellen[179].

c) Die Bedeutung der Schranke der „allgemeinen Gesetze" des Art. 5 Abs. 2 GG für die Arbeitskampfschutzklausel

Welche Bedeutung ist nun dem kommunikationsrechtlichen Schrankenvorbehalt der „allgemeinen Gesetze" für das auch im Notstand gewährte Recht zum Arbeitskampf aus Art. 9 Abs. 3 Satz 3 GG zu entnehmen? Wie bereits oben festgestellt, ist die Koalitionsfreiheit des Art. 9 Abs. 3 GG hinsichtlich der in ihr enthaltenen Freiheiten der Koalitionsbildung und des Koalitionsverfahrens ein Kommunikationsgrundrecht und mithin der Schranke der „allgemeinen Gesetze" unterworfen. Dies entspricht auch der Tatsache, daß der gesamte Art. 9 Abs. 3 GG nicht isoliert, sondern einbezogen in die Gesamtordnung des GG ist, woraus der prinzipiell mögliche, übergreifende Einfluß anderer beschränkender Verfassungsinhalte resultiert. Damit darf also nicht sonderrechtlich in die genannten Freiheiten eingegriffen werden. Beschränkungen sind vielmehr nur nach Maßgabe des allgemeinen Arbeits-, Wirtschafts- und Zivilrechts hinzunehmen, soweit die daraus resultierenden Schranken allgemeines Inhaltsrecht darstellen und damit auch die kommunikative, koalitionsmäßige Grundrechtsausübung verpflichten. Die Vorschriften des Arbeits-, Wirtschafts- und Zivilrechts gelten für jedermann, sind also allgemein und daher auch im Bereich der koalitionsmäßigen Einigung und Auseinandersetzung gültig. Die Garantiefunktion der „allgemeinen Gesetze" beschränkt sich auf die (mittelbare) Sicherung der kommunikativen Ausübungsfreiheit des Art. 9 Abs. 3 GG und verbietet dem Gesetzgeber hierein den sonderrechtlichen Eingriff. Der freiheitliche Kommunikationscharak-

---

[179] Vgl. Schneider, Güterabwägung des BVerfG, S. 31 ff.; Hesse, S. 135.

ter, die Koalitionsbildung, Koalitionseinigung und der Koalitionskampf, werden durch die Garantiefunktion der Schranke der „allgemeinen Gesetze“ gesichert[180]. Andererseits darf diese dem Gesetzgeber auferlegte Eingriffsbeschränkung nicht zu dem Irrtum verleiten, der Vorbehalt der allgemeinen Gesetze schütze den Koalitionskampf als unbeschränktes, natürliches Spiel der freien Kräfte. Diese Auffassung würde den Einfluß anderer Verfassungsaussagen auf Art. 9 Abs. 3 GG aufgrund dessen Einbindung in die gesamte Verfassung außer acht lassen.

Die „allgemeinen Gesetze“ verkörpern daher Schranke und Garantie zugleich[181]. Die schrankenrechtliche Funktion trägt der ausübungsrechtlichen Natur der Kommunikationsfreiheit Rechnung: Die den ausgeübten Inhaltsrechten anhaftenden Beschränkungen gelten reflexiv auch im Bereich der kommunikativen Ausübung. Die garantierende Funktion schützt die Kommunikationsgrundrechte in ihrer spezifischen Freiheitlichkeit: Sie leben aus der Spontaneität der gesellschaftlichen Kontakte und Verbindungen und verfassen die Gesellschaft zur freiheitlichen Kommunikationsordnung. Um diesen Zustand zu bewahren, verbietet der Vorbehalt der allgemeinen Gesetze die sonderrechtliche Beschränkung des gesellschaftlichen Kommunikationsprozesses als solchen.

Auch das Recht zum Arbeitskampf im Notstand kann daher nur im Rahmen der Schranke der „allgemeinen Gesetze“ Bestand haben. Die Normen dürfen aber nicht speziell gegen dieses Recht gerichtet sein, sie dürfen keinen „Eingriffscharakter“ haben. Ein solcher Eingriffscharakter wäre etwa zu bejahen im Falle eines generellen Aussperrungs- oder Streikverbots, nachdem der Arbeitskampf nach der hier vertretenen Auffassung zu den grundrechtlich geschützten Prinzipien des Art. 9 Abs. 3 GG gehört (daher auch Verfassungswidrigkeit des Hessischen Aussperrungsverbotes). Keinen Eingriffscharakter haben sonstige arbeitsrechtlich entwickelte bzw. gesetzlich fixierte Beschränkungen hinsichtlich der Art und Weise der Ausübung des Streikrechts und des Aussperrungsrechtes. Beispielhaft sei hier der Ausschluß des „politischen“ Streiks aus dem Schutz des Art. 9 Abs. 3 Satz 3 GG genannt, wodurch dieses Grundrecht nicht primär getroffen, sondern nur reflexiv mitbetroffen wird. Diese Beschränkungen kommen als „allgemeine Gesetze“ in Betracht, nicht aber als solche, die speziell gegen das Schutzgut des Art. 9 Abs. 3 GG ausgerichtet sind.

Wäre Art. 9 Abs. 3 Satz 3 GG nicht den „allgemeinen Gesetzen“ unterstellt, würde dies im Notstand bedeuten, daß das Recht zum Arbeits-

---

180 Hierzu ausführlich Scholz, Koalitionsfreiheit, S. 351/352.

181 Scholz, Koalitionsfreiheit, S. 346.

kampf nur eines Teils der Bevölkerung dem Interesse der gesamten Bevölkerung an der Staatssicherheit übergeordnet wäre. Dies würde in der größten Gefahr, im Falle drohender Staatsvernichtung bedeuten, daß aufgrund mangelnder Eingriffsbefugnisse des Staates gegenüber dem Recht zum Arbeitskampf im Notstand dadurch das gesamte Staatsgefüge vernichtet werden könnte mit der Wirkung, daß als Folge davon auch das absolute Recht zum Arbeitskampf, ebenso wie alle anderen Freiheitsrechte, unterginge. Das meint auch *Bettermann*[182] mit dem Hinweis, daß er den Vorbehalt der allgemeinen Gesetze als Gleichheitssicherung ansieht: Niemand ist berechtigt, aus Gründen seiner abweichenden Überzeugung oder seiner Zugehörigkeit zu einer bestimmten Bevölkerungsgruppe den für alle geltenden Gesetzen den Gehorsam zu verweigern. Damit birgt nach der hier vertretenen Auffassung die Schranke der „allgemeinen Gesetze" eine weitere Einschränkungsmöglichkeit (dem Grunde nach) hinsichtlich des Rechts auf Arbeitskampf im Notstand in sich, wobei auf das Ausmaß der Einschränkung im einzelnen in einem späteren Abschnitt der Arbeit zurückzukommen sein wird.

3. Die Lehre vom Grundrechtsmißbrauch als allgemeine Immanenztheorie

a) Darstellung der Lehre vom Grundrechtsmißbrauch

Als weitere Möglichkeit der Begrenzung des Grundrechtsgebrauchs wurde in der Literatur die Theorie des Grundrechtsmißbrauchs entwickelt.

Die in der zivilrechtlichen Dogmatik verfestigte Rechtsfigur des Rechtsmißbrauchs[183] ist nach Auffassung einiger verfassungsrechtlicher Autoren auch auf die Grundrechte zu übertragen[184]. Insbesondere *Gallwas* hat mit seiner aus dem Jahre 1961 stammenden Dissertation versucht, die Theorie verfassungsrechtlich zu verfestigen, wobei er sie als Alternative zu den zur Schrankentrias des Art. 2 Abs. 1 GG entwickelten Immanenztheorien (vgl. oben 2. Teil Abschnitt III. D.) sehen wollte. Hierdurch wollte er dem Vorwurf gegen das Immanenzdenken, es löse durch die Uferlosigkeit des Immanenten die Grundrechtsbastionen auf, entgehen[185]. Gerade was die Grundrechte ohne Gesetzesvorbehalte angeht — wobei *Gallwas* die Tatsache des feh-

---

[182] Bettermann, Grenzen der Grundrechte, S. 27.

[183] Vgl. Jauernig, BGB, § 242 III.

[184] So Bettermann, Grenzen der Grundrechte, S. 11 ff.; Scholz, Koalitionsfreiheit, S. 326/327; Gallwas, S. 17 ff.; a. A. Krüger, DVBl. 1953, 97 (99), der einen Widerspruch zwischen dem Mißbrauchsverbot und dem Wesen der Grundrechte sieht.

[185] Krüger, DÖV 1955, 597.

lenden Gesetzesvorbehalts durchaus als rechtserhebliche Aussage gegen die Zulässigkeit beliebiger anderweitiger Beschränkungen anerkennt — will er mit der Theorie vom Grundrechtsmißbrauch den Nachweis führen, daß im konkreten Fall die Berufung auf ein vorbehaltloses Grundrecht unzulässige Rechtsausübung ist.

Rechtsmißbrauch bedeutet nach den Befürwortern dieser Lehre, daß von einem Recht zu anderem Zweck Gebrauch gemacht wird, als zu demjenigen, zu dem es verliehen wurde. Es besteht damit eine Inkongruenz zwischen Rechtsinhalt und Rechtsausübung mit der Folge, daß der Rechtsgebrauch ein „Handeln ohne Recht" darstellt[186]. Durch das Mißbrauchsverbot wird nicht nur die staatliche Machtausübung gegenüber dem Bürger begrenzt. Vielmehr gilt diese Schranke auch für die Ausübung der Grundrechte des Bürgers gegenüber den anderen Bürgern sowie dem Staat. Es stellt damit eine Grundrechtsausübungsschranke dar, die den Grundrechtsgebrauch dann mißbräuchlich macht, wenn er gegen den Sinn und Zweck des Grundrechts verstößt[187].

Gallwas, der den Mißbrauch zum einen im Grundrechtsgebrauch unter gewissen Umständen, zum anderen im Grundrechtsgebrauch in einer bestimmten Art sieht[188], unterscheidet drei Typen des Grundrechtsmißbrauchs[189]:

1. Typ: Grundrechtsausübung unter Verletzung schutzwürdiger Interessen eines anderen Grundrechtsträgers
2. Typ: Grundrechtsausübung unter Verletzung schutzwürdiger Interessen der Allgemeinheit
3. Typ: Grundrechtsausübung unter Verletzung schutzwürdiger Interessen des Staates

Den Grundrechtsmißbrauch grenzt *Gallwas* vom Grundrechtsgebrauch wie folgt ab: Ersterer liegt vor, wenn die Grundrechtsausübung das Interesse eines anderen Grundrechtsträgers verletzt und das verletzte Interesse höher zu bewerten ist, also Vorrang genießt. Vorrang ist dem verletzten Interesse dann einzuräumen, wenn es durch eine „höherwertige Verfassungsnorm" (= eine Bestimmung, die überpositive Rechtsgedanken in das positive Recht integriert), eine „vorverfassungsrechtliche Grundidee" (= eine Vorstellung, die die Verfassung nicht ausdrücklich genannt hat, die ihr dennoch offenkundig zugrunde liegt) oder einen „überpositiven Rechtsgedanken (= Rechtssätze, die sich mit objektiver Erkenntnisgewißheit unmittelbar aus obersten Gerechtigkeitswerten ableiten lassen) objektiv erkennbar ge-

186 Gallwas, S. 11; Bettermann, Grenzen der Grundrechte, S. 11.
187 So Bettermann, Grenzen der Grundrechte, S. 11.
188 Gallwas, S. 32.
189 Gallwas, S. 33.

währleistet wird[190]. *Gallwas* kommt daher zu folgender Definition des Grundrechtsmißbrauchs:

„Grundrechtsmißbrauch ist Realisierung des freiheitlichen Gehalts einer Grundrechtsformulierung zu Lasten eines am Grundrechtsverhältnis Beteiligten (anderer Grundrechtsträger, Allgemeinheit oder Staat), sofern das jeweils verletzte Interesse durch eine höherrangige Verfassungsnorm, durch eine vorverfassungsrechtliche Grundidee oder durch einen überpositiven Rechtsgedanken objektiv erkennbar geschützt ist[191]."

Als typischen Mißbrauchsfall nennt *Bettermann* die Benutzung bürgerlicher oder politischer Freiheiten zum Kampf gegen den Staat und seine Verfassungsordnung, denn Aufgabe der Freiheitsrechte sei die Erhaltung und Entfaltung der bürgerlichen und politischen Freiheiten im Staat, nicht ihre Beseitigung[192]. Gewichtige Bedeutung komme der Mißbrauchsgrenze auch hinsichtlich der Koalitionsfreiheit zu. *Bettermann* als Vertreter der Meinung, die auch das Recht zum Arbeitskampf in der Koalitionsfreiheit enthalten sieht, hält das Grundrecht der Koalitionsfreiheit durch einen politischen Streik wie durch jeden anderen Arbeitskampf für mißbraucht, wenn er nicht „zur Wahrung und Förderung der Arbeits- und Wirtschaftsbedingungen" geführt wird[193].

Bettermann betrachtet das Mißbrauchsverbot als verfassungsmittelbare Schranke, „als Bestandteil des Verfassungsrechts". Durch seine Allgemeinheit sei es ungeschriebener Verfassungsgrundsatz, der an einigen Stellen der Verfassung wie etwa in Art. 18, 21 und Art. 9 Abs. 2 GG Ausdruck gefunden habe. Er definiert daher den Begriff des Grundrechtsmißbrauchs als Ausübung eines subjektiven Rechts aus Gründen oder zu Zwecken, die der ratio legis des betreffenden Grundrechts nicht entsprechen[194].

b) Verzichtbarkeit der Lehre vom Grundrechtsmißbrauch und Kritik

Die Theorie des Grundrechtsmißbrauchs begegnete seit ihrer Entstehung erheblichen Bedenken, die auch heute noch als begründet angesehen werden müssen.

Gallwas' Ziel war es, eine Alternative zu der an Art. 2 Abs. 1 GG entwickelten Immanenzlehre anzubieten. Mit Hilfe der von ihm entwickelten „Drei-Typen-Lehre" versuchte er, die Uferlosigkeit des

---

190 Gallwas, S. 34/35.
191 Gallwas, S. 35.
192 Bettermann, Grenzen der Grundrechte, S. 12.
193 Bettermann, Grenzen der Grundrechte, S. 13.
194 Bettermann, Grenzen der Grundrechte, S. 14.

Immanenten und damit die Auflösung der Grundrechtsbastionen abzuschwächen. Dabei hat er allerdings übersehen, daß die „Drei-Typen-Lehre" im wesentlichen mit *Dürigs* drei Nichtstörungsschranken des Art. 2 Abs. 1 GG deckungsgleich ist. Es ist nicht von der Hand zu weisen, daß der erste Mißbrauchstyp („vorrangige Interessen eines anderen Grundrechtsträgers") sich mit den „Rechten anderer" deckt, die „vorrangigen Interessen der Allgemeinheit" als zweiter Typ das „Sittengesetz" zum Bestandteil haben und die „verfassungsmäßige Ordnung" im dritten Typ der „schutzwürdigen Interessen staatlicher Gewalten" enthalten ist. Damit besteht weitgehende Deckungsgleichheit zwischen den Mißbrauchslagen und dem Inhalt der Nichtstörungsklausel *Dürigs*[195], weshalb die Mißbrauchslehre von ihren Kritikern als überflüssig bezeichnet wird[196].

Bedenken gegen diese Lehre werden auch deshalb erhoben, weil *Gallwas* nicht den Nachweis erbringen konnte, einen „stabileren Rahmen" für die Begrenzung der Grundrechte liefern zu können, als dies die Immanenzlehre tut. Er stattete die Lehre vom Grundrechtsmißbrauch mit allgemeinsten Begriffen aus, die letztlich zu einer Interessenabwägung führen[197]. Hinsichtlich des Abwägungsmaßstabes beschränkt sich *Gallwas* auf die vagen Begriffe wie Rangordnung der Grundrechte[198], Abwägungsgrundsätze des Zivilrechts[199] und Beachtung des Grundsatzes der Verhältnismäßigkeit[200]. Die Mißbrauchstheorie ist daher zu unscharf, um im Einzelfall erkennen zu können, was nun funktionswidriger Gebrauch ist und von daher die Grenzen zu ziehen[201].

Exakter Bestimmbarkeit entbehrt auch die von *Gallwas* gezogene Grenzlinie zwischen Grundrechtsmißbrauch und verfassungsgemäßem Grundrechtsgebrauch. Mit Hilfe der Formulierung, Rechtsmißbrauch sei funktionswidriger Gebrauch des Rechts, läßt sich eine exakte Klärung des Begriffs des Grundrechtsmißbrauchs nicht finden. Eine saubere und klare Definition des Mißbrauchsbegriffs setzt zunächst voraus, daß eindeutig geklärt ist, was unter dem entsprechenden Grundrechtsgebrauch zu verstehen ist. Da jedoch dieser Begriff bisher nicht geklärt ist und eine Theorie zur Begriffsbestimmung nicht existiert, bleibt die Unterscheidung zwischen zulässiger und unzulässiger

---

195 Vgl. hierzu zusammenfassend Gallwas, S. 173/174 These 6 - 8, woraus sich dies nochmals ergibt.

196 So etwa Diss. Graf, S. 161.

197 Gallwas, S. 35.

198 Gallwas. S. 42.

199 Gallwas, S. 42.

200 Gallwas, S. 42.

201 So auch Schmitt Glaeser, AöR 95, 320 (323).

Grundrechtsausübung bis zu dieser Klärung das Ergebnis individueller Wertungen[202].

Letztlich muß sich die Lehre vom Grundrechtsmißbrauch als Schranke subjektiver Freiheitsrechte gerade anhand des Beispiels des Art. 9 Abs. 3 GG bzw. des Art. 9 Abs. 3 Satz 3 GG den Vorwurf ihrer Überflüssigkeit und Verzichtbarkeit gefallen lassen. Wie schon oben erwähnt und von *Bettermann* als Befürworter der Anwendung der Lehre auch zugestanden, finden sich in einigen Artikeln des GG, und zwar in Art. 5 Abs. 3 Satz 2 GG, 9 Abs. 2, 18 und 21 Abs. 2 GG verfassungsrechtliche, spezifische Mißbrauchstatbestände.

Diese Tatsache spricht dafür, daß der Verfassungsgeber, durchaus sich des Problems des Grundrechtsmißbrauchs bewußt, durch die Aufzählung dieser einzelnen Mißbrauchstatbestände bestimmte Kollisionslagen ausschließen wollte. Daß aber nur diese vereinzelten Sanktionsformen im GG verankert wurden, spricht dafür, daß damit deren Ausnahmecharakter deutlich zum Ausdruck gebracht werden sollte[203], und daß der Verfassungsgeber auf die anderen Grundrechte ein Mißbrauchsverbot nicht erstrecken wollte. Andererseits könnten die speziellen Mißbrauchsverbotsaufzählungen auch nur als explizit ausgesprochener, ansonsten aber auch allgemeingültiger Verfassungsgrundsatz angesehen werden.

Diesem Meinungsstreit muß im vorliegenden Fall nicht näher nachgegangen werden, da, wie oben festgestellt, Art. 9 Abs. 2 GG auf Art. 9 Abs. 3 Satz 3 GG anzuwenden und damit zumindest auf das Grundrecht auf Arbeitskampf im Notstand der allgemeine Grundrechtsmißbrauchsgedanke in diesem Fall abzulehnen ist, weil diesbezüglich eine spezielle Mißbrauchsschranke existiert. Eine Unterwerfung der Arbeitskampfschutzklausel unter die Schranke der Lehre vom Grundrechtsmißbrauch kommt daher nicht in Betracht.

4. Die Methode Friedrich Müllers zur Bestimmung immanenter Grundrechtsschranken aus ihrem Normbereich

Ein weiterer Versuch zur Bestimmung immanenter Grundrechtsschranken wurde von *Friedrich Müller* in der im Jahre 1969 erschienenen Veröffentlichung über die „Positivität der Grundrechte" unternommen, die sich mit den bisher gezeigten Immanenztheorien kritisch auseinandersetzt, im Ergebnis zu ihrer Ablehnung kommt und eine eigene Schrankenkonzeption entwickelt.

---

202 Schmitt Glaeser, Mißbrauch und Verwirkung von Grundrechten, S. 80; S. 80 FN 48.

203 Müller, Positivität der Grundrechte, S. 28; a. A. Gallwas, S. 28.

a) *Müllers* Kritik an den herkömmlichen Immanenztheorien

Nach Auffassung *Müllers* ist es aufgrund der „Rigidität" des GG nicht möglich, Grundrechtseingriffe, die weder auf ein sie tragendes Vorbehaltsgesetz noch auf einen den Eingriff deckenden positivrechtlichen Gesetzesvorbehalt gestützt werden können, aufgrund des „Bezugssystems des Verfassungsganzen", oder, wie *Häberle*[204] es nennt, aufgrund der „Totalität des verfassungsrechtlichen Wertsystems" zu rechtfertigen. Zwar komme dem „Ganzen der Verfassung" Bedeutung als Gesichtspunkt der Verfassungstheorie zu; es besitze jedoch keine normative Qualität[205]. Weise das Freiheitsrecht keinen Vorbehalt auf, so könne dieser nicht durch „allgemeine metapositive oder überpositive" Erwägungen ersetzt werden. Exekutive, Rechtsprechung wie auch Gesetzgebung könnten und dürften in diesem Fall das Grundrecht nicht begrenzen. Ausübungsschranken ergäben sich ausschließlich aus den von der Verfassung gezogenen Grenzen[206].

Aus dieser Sicht erhebt *Müller* gegenüber allen herkömmlichen Immanenztheorien den Vorwurf, sie unterminierten die Positivität der Verfassung und die Selbständigkeit der Einzelgrundrechte durch die Bejahung pauschalisierender Generalvorbehalte. Die von den Immanenzlehren entwickelten Gedanken seien „Irrlehren", die normative Schranken entwickelt hätten, ohne daß es hierfür eine Grundlage im geschriebenen Verfassungsrecht gäbe[207]. Zwar erkennt *Müller* an, daß auch die Tatsache schrankenlos gewährleisteter Grundrechte nicht deren unbegrenzten Geltungsgehalt bedeuten kann[208]. Aus diesem Grunde jedoch die Vorbehalte für nicht durchweg erschöpfend und damit unter materiellen Gesichtspunkten grundsätzlich für ergänzbar und ergänzungsbedürftig[209] zu erklären, bedeutet für *Müller* eine Minimierung der „rechtsstaatlich stabilisierenden Wirkung" der Abstufung der grundrechtlichen Gesetzesvorbehalte[210], die auch nicht auf die „Ganzheit einer als Wertsystem gedeuteten Verfassung" gestützt werden könne, der *Müller* normative Qualität abspricht.

b) Die Schrankenkonzeption *Müllers*

Ausgangsbasis für *Müllers* Konzeption ist die Ermittlung des Geltungsgehalts der grundrechtlichen Gewährleistung, die Bestimmung

---

204 Häberle, Wesensgehaltsgarantie, S. 5 ff.
205 Müller, Positivität der Grundrechte, S. 17.
206 Müller, Positivität der Grundrechte, S. 55.
207 Müller, Positivität der Grundrechte, S. 5, 11 ff.
208 Müller, Positivität der Grundrechte, S. 55.
209 So etwa Bettermann, Grenzen der Grundrechte, S. 8/9.
210 Müller, Positivität der Grundrechte, S. 22.

der sachlichen Reichweite der tatbestandlich normativen Inhaltsumschreibungen. Aus der „Sachstruktur des Normbereichs und der Sachhaltigkeit der Freiheitsgarantie" sollen die Grenzen der einzelnen Verbürgungen diskutiert werden. Da der Normbereich nur das „sachspezifisch Geschützte" umschließe, ende die Geltung der Grundrechte da, wo das vom Grundrecht „sachspezifisch Geschützte" ende[211]. *Müller* bestimmt danach die Grenzen des materialen Geltungsgehaltes für alle Grundrechte, also solche mit und ohne Vorbehalt versehenen, mit Hilfe einer normativ gesteuerten Normbereichsanalyse. Diese zielt darauf, festzustellen, was die Freiheitsgewährleistung angesichts allgemein feststellbarer empirischer Struktureigentümlichkeiten des grundrechtlichen Normbereichs normativ aussagt, bzw. wo die sachliche Reichweite und damit der Geltungsgehalt endet. Zur Ermittlung des Sachspezifischen der Grundrechtsgewährleistung zieht *Müller* die für das Grundrecht typischen Ausübungs-, Organisations- und Zustandsformen heran[212].

Treten Fälle auf, die mit Hilfe der Normbereichsanalyse und dem sich daraus ergebenden Sachgehalt nicht lösbar sind, so wendet *Müller* das Verfahren „praktischer Konkordanz" an (vgl. 2. Teil Abschnitt II), das mit dem Ziel der Optimierung beider Rechtsgüter beiden Grenzen zieht, um sie dadurch zu optimaler Wirksamkeit gelangen zu lassen.

Diese Methode läßt nach Auffassung *Müllers* eine angemessenere Beurteilung zu als eine Güterabwägung, die nach seiner Meinung leitender normativer Anhaltspunkte in der Verfassung und damit rechtsstaatlich genügender inhaltlicher Maßstäblichkeit entbehrt[213]. Nur dieses Verfahren sei Ansatz zu stabilisierend wirkender Grundrechtsdogmatik, die „nicht wie die Allgemeinverbindlicherklärung wertender Güterabwägung im wesentlichen zu einem Urteilsvorhaben führen und sich materiell auf den Einzelfall zurückziehen muß"[214].

Nach *Müllers* Normverständnis handelt es sich also bei der Grenzziehung sachlicher Grundrechtsgarantien nicht um ungeschriebene Annexe, sondern um geschriebene Normgehalte, d. h. um die sachlich normative Reichweite des vom Wortlaut der Vorschrift formulierten, angedeuteten oder eindeutig vorausgesetzten Normbereichs. Jedem Grundrecht sind damit von vornherein Sachgrenzen seiner Verbürgung gezogen, von der Struktur des Normbereichs und der Eigenart des Geltungsgehalts geprägte Normelemente, für die nach *Müllers* Konzeption „Grenz"-bestimmung und „Inhalts"-bestimmung sachlich dasselbe sagen.

---

211 Müller, Positivität der Grundrechte, S. 45, 46.
212 Müller, Positivität der Grundrechte, S. 98 f.
213 Müller, Positivität der Grundrechte, S. 21.
214 Müller, Positivität der Grundrechte, S. 21.

Müllers Theorie läßt sich damit in folgende Thesen zusammenfassen:

These 1: Eingriffsvorbehalte eines Grundrechts sind auf andere Grundrechte nicht übertragbar[215].

These 2: Vorbehaltlos garantierte Grundrechte haben nur die Grenzen der sachlich-normativen Reichweite ihres Geltungsgehalts. Dieser ist durch Vermittlung der Strukturanalyse des Normbereichs mit dem grundrechtlichen Normprogramm zu entwickeln. In vorbehaltlos garantierte Grundrechte darf daher weder durch Gesetz noch aufgrund Gesetzes verkürzend eingegriffen werden[216].

These 3: Der Umfang des Normbereichs wird bestimmt durch Eigenart, Funktion und sachliche Begrenztheit des betreffenden Grundrechts. Wo der Geltungsgehalt sachlich seine Grenze hat, verläuft für das Grundrecht die Linie der „Einfügung in die allgemeine Ordnung", denn hier endet die sachlich begründete normative Kraft der Garantie[217].

c) Kritik an der Konzeption

Dem von *Müller* vorgeschlagenen Verfahren kann hinsichtlich dessen erster Stufe, der Normbereichsanalyse, die Berechtigung nicht versagt werden. Wie sich gerade im ersten Teil der vorliegenden Untersuchung gezeigt hat, können durch diese Vorgehensweise entscheidende Gesichtspunkte für die Grundrechtsinterpretation herausgearbeitet werden, die den Ausschluß bestimmter, nicht vom Schutzumfang der Freiheitsnorm gedeckter Fallkonstellationen mit sich bringen.

Allerdings bleibt der sich dann anschließende Schritt — die Feststellung des Geltungsgehalts an der Grenze der allgemeinen Rechtsordnung — in der theoretischen allgemeinen Erörterung stecken, ohne einen praktikablen Weg für die Grenzziehung vorbehaltloser Grundrechte aufzuzeigen. Aufgrund der abstrakten Ausführungen gerät das Ziel *Müllers*, die Grundrechte gegen ihre einfachgesetzliche Unterwanderung anzusichern, ins Hintertreffen. Zwar ist *Müller* zuzugeben, daß sich bei seiner Konzeption das Problem der Normenkollisionen mit dem grundrechtlichen Schrankensystem nicht stellt, nachdem er bei der Ermittlung des grundrechtlichen Normbereichs diesen mit Hilfe der Kriterien des „Typischen" und „strukturell Notwendigen" von vornherein begrenzt. Andererseits bedeutet diese Vorgehensweise im Ergebnis

215 Müller, Positivität der Grundrechte, S. 72.

216 Müller, Positivität der Grundrechte, S. 71.

217 Müller, Positivität der Grundrechte, S. 81.

nichts anderes als die Verlagerung des Problems aus der Schrankenproblematik heraus auf die Tatbestandsseite. Und dies beinhaltet die Gefahr, im Bestreben nach Vermeidung einfachgesetzlicher Unterwanderung dieses Ziel mit der negativen Folge der Schmälerung der Substanz der Grundrechte zu erreichen. Daher vertritt etwa *Schwabe*[218] die Ansicht, daß die Freiheitseinbuße bei der Konzeption *Müllers* noch stärker sei als bei den klassischen Immanenztheorien, die allgemeine Schädlichkeitsgrenzen der Grundrechte errichteten, *Müller* dagegen auch noch „Nebensächliches" aus dem Garantiegehalt ausscheide. Gerade die Kriterien des „Typischen" und „strukturell Notwendigen" können den Vorwurf mangelnder Präzision nicht von sich weisen. Die Konturlosigkeit dieser Begriffe wird dem Postulat des Rechtsstaatsprinzips nach Bestimmtheit und Vorhersehbarkeit von Grundrechtsbeschränkungen nicht gerecht, weshalb ihnen die Eignung als Determinante grundrechtlicher Schutzbereiche zu versagen ist. Aus diesem Grunde haben sich weder die Literatur noch die Rechtsprechung des BVerfG der von *Müller* entwickelten Konkretisierung der immanenten Grundrechtsschranken aus dem grundrechtlichen Normbereich heraus angeschlossen.

5. Immanenzklauseln in der Rechtsprechung

Nachdem in den vorangegangenen Abschnitten die vier wesentlichen Auffassungen der Literatur zur Problematik der Grundrechtseinschränkung dargestellt wurden, befaßt sich der nachfolgende Teil mit den vom Bundesverwaltungsgericht und Bundesverfassungsgericht hierzu vertretenen, gleichfalls heftig umstrittenen Meinungen. Sie gelten als die von der Rechtsprechung entwickelten wichtigsten und einflußreichsten Theorien zu dieser Problemstellung.

a) Die „Gemeinschaftsklausel" des BVerwG

aa) Ihre inhaltliche Bestimmung

Das BVerwG hat bereits in einer Entscheidung im 1. Band[219] die Theorie vom „allgemeinen Gemeinschaftsvorbehalt" vertreten, die im Laufe der Jahre mehrfach modifiziert wurde, die das BVerwG aber bis heute trotz heftiger Kritik ausdrücklich nicht aufgegeben hat.

In dieser Entscheidung wird festgestellt, daß es „zum Inbegriff aller Grundrechte gehört, ... daß sie nicht in Anspruch genommen werden dürfen, wenn dadurch die für den Bestand der staatlichen Gemeinschaft notwendigen Rechtsgüter gefährdet werden"[220]. Diese Formel wurde in

---

[218] Schwabe, Grundrechtsdogmatik, S. 163.

[219] BVerwGE 1, 48.

einer bald darauf erschienenen Entscheidung insoweit modifiziert, als daß dem Schutzgut der „staatlichen Gemeinschaft" das der „anderen Grundrechte" hinzugefügt wurde[221]. Zu den die staatliche Gemeinschaft bildenden und daher die Grundrechte beschränkenden Rechtsgütern gehört nach Auffassung des BVerwG die Volksgesundheit[222], die Verkehrssicherheit[223], das Sittengesetz[224], eine geordnete Rechtspflege[225], ein intaktes Schul- und Hochschulwesen[226] und der Schutz vor Verschuldung und wirtschaftlichem Leichtsinn[227].

Begründet wird die Schrankenformel damit, daß die Grundrechte den Bestand der staatlichen Gemeinschaft voraussetzen und deshalb eine Berufung auf Grundrechte dann unzulässig sei, wenn durch ihre Inanspruchnahme die für den Bestand der Gemeinschaft notwendigen Rechtsgüter gefährdet würden. Dabei ging das BVerwG, bis zur Entscheidung im 7. Band[228], sogar so weit, daß es eine Durchbrechung der Wesensgehaltssperre zuließ, wenn die grundrechtsbeschränkende Norm „im übergeordneten Interesse der staatlichen Gemeinschaft" liege[229].

Gegen die „Bestandssicherungsklausel"[230] wurde massive Kritik erhoben: *Bachof* fürchtete, daß aufgrund der Unbestimmtheit der Formulierung jeglicher Mißbrauchsmöglichkeit Tür und Tor geöffnet sei[231]. Auf *Dürig* wirkt die Klausel „trotz ständiger Wiederholung so frei erfunden wie am ersten Tag"[232].

bb) Kritik an der Gemeinschaftsklausel und daraus resultierende Modifikationen

Die Berechtigung der Kritik ist nicht von der Hand zu weisen. Das BVerwG fordert selbst, daß jede Grundrechtsauslegung auf einer gesicherten Rechtsgrundlage beruhen muß[233]. Dieser verfassungsrechtliche

220 BVerwGE 1, 48 (52).

221 Ab BVerwGE 1, 92 (94).

222 BVerwGE 1, 48, (52); 2, 345 (346).

223 BVerwGE 1, 92 (94); 3, 21 (24).

224 BVerwGE 1, 303 (307).

225 BVerwGE 2, 85 (87 f.); 6, 13 (17).

226 BVerwGE 5, 153 (158 f.); 7, 125 (139).

227 BVerwGE 5, 283.

228 BVerwGE 7, 287 f.

229 BVerwGE 2, 89 (94).

230 So genannt von BVerwGE 4, 167 (171).

231 Bachof, JZ 1957, 337; v. Hippel, S. 31 FN 40, der die Gemeinwohlklausel als Leerformel ansieht, deren Gehaltlosigkeit als Voraussetzung für ihre generelle Geltung angesehen wird.

232 Dürig, in: Maunz / Dürig / Herzog, GG, Art. 2 Rdnr. 70.

233 BVerwGE 1, 303 (306).

Ansatzpunkt fehlt bei der unbestimmten und dehnbaren Lehre vom Gemeinschaftsvorbehalt. Aufgrund der inhaltlichen Unbestimmtheit ist es nur schwer möglich, eine rationale, nachprüfbare Abgrenzung vorzunehmen zwischen dem, was zulässige und was unzulässige Grundrechtsbeschränkung ist. Insbesondere auch die Eröffnung der Möglichkeit zur Durchbrechung der Wesensgehaltssperre beinhaltet die Gefahr einer Relativierung und Auflösung der Grundrechte. Denn die Formulierung des BVerwG ist so angelegt, daß stets anzunehmen sein wird, das Individualinteresse habe gegenüber dem angeführten notwendigen Gemeinschaftsgut zurückzutreten[234]. Die Wesensgehaltsgarantie des Art. 19 Abs. 2 GG kann richtigerweise nicht nur als eine Vorschrift verstanden werden, die nur auf die mit Gesetzesvorbehalt versehenen Grundrechte anzuwenden ist. Sie stellt vielmehr auch eine allgemeine Schrankenschranke dar, die ebenso für die der Verfassung immanenten — die vorbehaltlosen Freiheitsrechte einschränkenden — Grenzen Gültigkeit besitzt.

Auf diese Kritik hin hat das BVerwG die ursprüngliche Immanenzformel aufgegeben und sich in einer Entscheidung im 7. Band[235] für die Einschränkung vorbehaltlos formulierter Freiheitsrechte durch die ihnen von Verfassungs wegen innewohnenden immanenten Schranken — die „Rechte anderer", die „verfassungsmäßige Ordnung" und das „Sittengesetz" — ausgesprochen. Ausgangsbasis für diese Auffassung ist für das BVerwG das Verhältnis des Art. 2 Abs. 1 GG als lex generalis zu den übrigen Freiheitsrechten des GG.

Diese Form der Schrankenfindung entspricht damit der mittelbaren Anwendung der Schrankentrias auf alle Grundrechte, wie sie *Dürig* vertritt (vgl. 2. Teil Abschnitt III. D. c)). Sie begegnet daher den gleichen schon oben (vgl. 2. Teil Abschnitt III. D. c) cc)) geäußerten Bedenken und ist daher abzulehnen.

Gleiches gilt auch für die Entscheidungen des BVerwG, in denen auf die oben dargestellten, von der Literatur zur Schranke des Art. 2 Abs. 1 GG sowie zum Mißbrauch von Grundrechten vertretenen Meinungen zurückgegriffen wurde.

cc) Neuere Entwicklung in der Rechtsprechung des BVerwG

Eine Tendenzwende, jedoch keine ausdrückliche Absage an die Gemeinwohlklausel, zeichnet sich in der Rechtsprechung des BVerwG seit der grundlegenden Entscheidung des BVerfG vom 26. Mai 1970[236] ab.

---

[234] So auch v. Pollern, JUS 1977, 645 (647).

[235] BVerwGE 7, 358 (361).

[236] BVerfGE 28, 243 (260 f.).

Im Anschluß an die Entscheidung des BVerwG vertritt der 1. Senat des BVerwG die Auffassung, daß Grundrechte ohne positiv-rechtlichen Schrankenvorbehalt nur durch andere mit Verfassungsrang ausgestattete Rechtswerte begrenzt werden dürfen und dabei auftretende Konflikte im Rahmen einer Güterabwägung zu lösen sind[237]. Dieser Auffassung entspricht auch die Entscheidung vom 7. Oktober 1975[238], in der ein restriktiver Immanenzbegriff zugrunde gelegt und wo ausgeführt wird, daß der zur Entscheidung stehende Art. 16 Abs. 2 Satz 2 GG zwar „keine immanenten Schranken" in sich trage, „jedoch mit Rücksicht auf die Einheit der Verfassung und die von ihr geschützte gesamte Wertordnung" Beschränkungen erfahre. Ob sich damit auf Dauer eine Abkehr vom Gemeinschaftsvorbehalt abzeichnet, bleibt abzuwarten. Dies bezweifelt insbesondere *Schnapp*[239], der die oben genannte Asylrechtsentscheidung kritisiert. Die Entscheidung 28, 243 des BVerfG, auf die sich das BVerwG stützt, habe nur davon gesprochen, daß „mit Verfassungsrang ausgestattete Rechtswerte (in der Entscheidung stellt nach Auffassung des BVerwG die Funktionsfähigkeit und Einrichtung der Bundeswehr einen solchen Rechtswert dar) nur ausnahmsweise imstande seien, uneinschränkbare Grundrechte in einzelnen Beziehungen zu begrenzen". Auch dürfe die schwächere Norm nur so weit zurückgedrängt werden, wie es zwingend erscheint; in jedem Fall müsse ihr sachlicher Grundwertgehalt respektiert werden. Das darin enthaltene Gebot der Wahrung des Wesensgehalts des Freiheitsrechts sieht *Schnapp* in der Entscheidung verletzt, indem das BVerwG die allgemeinen Sicherheitsinteressen des Staates zu den mit Verfassungsrang ausgestatteten Rechtswerten zählt — was für sich betrachtet sicher nicht als falsch bezeichnet werden kann —, diese Interessen dem Schutz der Asylberechtigten überordnet und damit selbst feststellt, daß die allein bestehende Alternative der Abschiebung „zur Vernichtung des Asylrechts auch in seinem Kern" führt, ohne die Frage nach dem beiderseits schonenden Ausgleich zwischen den Interessen gestellt zu haben. Diese Vorgehensweise läßt die schon oben geäußerte Vermutung wieder aufkommen, daß stets das Individualinteresse hinter dem angeführten Gemeinschaftsinteresse zurücktreten muß.

b) Die Immanenztheorie des BVerfG

Die Auffassung des BVerfG zur Frage immanenter Grundrechtsschranken hebt sich deutlich von den in der Literatur sowie der Rechtsprechung entwickelten Immanenztheorien ab. Dies gilt insbesondere

---

[237] BVerwG, NJW 1971, 1229.
[238] BVerwGE 49, 202 (209 f.).
[239] Schnapp, NJW 1976, 493.

hinsichtlich der die allgemeine Anwendbarkeit der Schrankentrias des Art. 2 Abs. 1 GG bejahenden Meinung, von der sich das BVerfG aufgrund des von ihm in ständiger Rechtsprechung anerkannten Verhältnisses der Subsidiarität des Art. 2 Abs. 1 GG zur Spezialität der Einzelfreiheitsrechte[240] klar distanziert hat. Auch der vom BVerwG vertretene „Gemeinschaftsvorbehalt" erfährt in der „Mephisto-Entscheidung"[241] aus dem Jahre 1971 eine unmißverständliche Absage. Darin heißt es, Grundrechte ohne Vorbehalt (in der Entscheidung selbst ging es um die Kunstfreiheit) dürften „weder durch die allgemeine Rechtsordnung noch durch eine unbestimmte Klausel relativiert werden, welche ohne verfassungsrechtlichen Ansatzpunkt und ohne ausreichende rechtsstaatliche Sicherung auf eine Gefährdung der für den Bestand der staatlichen Gemeinschaft notwendigen Güter abhebt". Ein solcher Konflikt sei vielmehr nach Maßgabe der grundgesetzlichen Wertordnung und unter Berücksichtigung der Einheit dieses grundlegenden Wertsystems durch Verfassungsauslegung zu lösen.

aa) Inhaltliche Bestimmung der Schrankenformel des BVerfG

Das Grundrechtsverständnis des BVerfG beruht auf dem Aspekt der Gewährung von Eigenständigkeit, Selbstverantwortlichkeit und Würde des Menschen[242]. Hieraus resultiert nach Auffassung des BVerfG für den einzelnen Bürger eine Sphäre privater Lebensgestaltung, ein letzter unantastbarer Bereich menschlicher Freiheit, der der Einwirkung der gesamten öffentlichen Gewalt entzogen sei[243]. Das Menschenbild des GG kennzeichne den Menschen damit als eigenverantwortliche Persönlichkeit, deren Entfaltung allerdings in der sozialen Gemeinschaft stattfindet[244]. Es bestehe damit eine Gemeinschaftsbezogenheit des Individuums, aus der ihrerseits eine Gemeinschaftsgebundenheit resultiere, die bedeute, daß gerade auch vorbehaltlos gewährleistete Grundrechte aufgrund der Bindung des Individuums an die Gemeinschaft „gewissen äußeren Grenzziehungen zugänglich" sind[245].

Diese Interdependenz von Einzel- und Gemeinschaftsinteressen hat das BVerfG auf folgende Formeln gebracht:

> „Das Grundgesetz ist eine wertgebundene Ordnung, die den Schutz von Freiheit und Menschenwürde als den obersten Zweck allen Rechts anerkennt. Sein Menschenbild ist allerdings nicht das eines isolierten souverä-

---

240 So etwa BVerfGE 6, 32 (37); 23, 50 (55 f.); 32, 98 (107); 44, 59 (69).

241 BVerfGE 30, 173 (193); ebenso BVerfGE 33, 23.

242 So etwa in BVerfGE 6, 32 (40).

243 BVerfGE 6, 32 (41).

244 BVerfGE 32, 98; Hesse, § 4.

245 Müller, Einheit der Verfasung, S. 58.

nen Individuums, sondern das der in der Gemeinschaft stehenden und ihr vielfältig verpflichteten Persönlichkeit[246]."

„Das Grundgesetz hat die Spannung Individuum — Gemeinschaft im Sinne der Gemeinschaftsbezogenheit und Gemeinschaftsgebundenheit der Person entschieden, ohne dabei deren Eigenwert anzutasten[247].

„Der Einzelne muß sich diejenigen Schranken seiner Handlungsfreiheit gefallen lassen, die der Gesetzgeber zur Pflege und Förderung des sozialen Zusammenlebens in den Grenzen des bei dem gegebenen Sachverhalt allgemein Zumutbaren zieht, vorausgesetzt, daß dabei die Eigenständigkeit der Person gewahrt bleibt[248]."

Aus der Tatsache der Vorbehaltlosigkeit einzelner Freiheitsrechte folgert das BVerfG in seiner Leitentscheidung aus dem Jahre 1970[249], daß deren Grenzen nur von der Verfassung selbst, d. h. nach Maßgabe der grundgesetzlichen Wertordnung und unter Berücksichtigung der Einheit dieses grundlegenden Wertsystems gezogen werden dürfen[250].

„Nicht das System von Normen, Instituten und Institutionen im Range unter der Verfassung bildet den Maßstab für die Auslegung verfassungsrechtlicher Bestimmungen; vielmehr liefern die letzteren umgekehrt die Grundlage und den Rahmen, an den die übrigen Rechtsäußerungen und -erscheinungen sich anzupassen haben[251]."

Aus den vorangegangenen Überlegungen kommt das BVerfG zu folgender Immanenzformel:

„Nur kollidierende Grundrechte Dritter und andere mit Verfassungsrang ausgestattete Rechtswerte sind mit Rücksicht auf die Einheit der Verfassung und die von ihr geschützte gesamte Wertordnung ausnahmsweise imstande, auch uneinschränkbare Grundrechte in einzelnen Beziehungen zu begrenzen. Dabei auftretende Konflikte lassen sich nur lösen, indem ermittelt wird, welche Verfassungsbestimmung für die konkret zu entscheidende Frage das höhere Gewicht hat (so seit BVerfGE 2, 1 (72 f.)). Die schwächere Norm darf nur so weit zurückgedrängt werden, wie das logisch und systematisch zwingend erscheint; ihr sachlicher Grundwertgehalt muß in jedem Fall respektiert werden[252]."

Die beiden letztgenannten Sätze lassen damit erkennen, daß auftretende Konflikte im Rahmen einer Güterabwägung zu lösen sind. Hierbei ist zu entscheiden, welche Verfassungsbestimmung im konkret zu entscheidenden Fall die gewichtigere ist. Ist dies festgestellt, darf gleich-

246 BVerfGE 47, 327 (369 f.).

247 BVerfGE 33, 1 (10); 12, 45 (51); 28, 175 (189).

347 BVerfGE 33, 1 (10); 12, 45 (51); 28, 175 (189).

248 So etwa in BVerfGE 4, 7 (16); 33, 303 (334); 35, 202 (225); 39, 334 (367); 45, 187 (227); 50, 290 (353 f.).

249 BVerfGE 28, 243.

250 BVerfGE 28, 243 (260 f.); so auch BVerfGE 32, 98 (108); 33, 23 (29); 30, 173 (193); 44, 37 (50).

251 BVerfGE 28, 243 (260/261).

252 BVerfGE 28, 243 (261).

wohl die zurücktretende Verfassungsbestimmung nur soweit verdrängt werden, wie dies logisch und zwingend geboten erscheint. Eine absolute und unüberschreitbare Grenze bietet ihr sachlicher Grundwertgehalt, der in jedem Fall zu respektieren ist.

Das BVerfG vertritt demnach zur Frage der Begrenzung vorbehaltloser Grundrechte folgende Auffassung:

1. Das abgestufte Vorbehaltssystem der Grundrechte ist absolut zu beachten.
2. Gleichwohl genießen die vorbehaltlos gewährleisteten Grundrechte kein absolutes Schrankenprivileg; ausschließlich bei ihnen kommt aber die Konstruktion immanenter Grundrechtsschranken in Betracht.
3. Die Begrenzung vorbehaltloser Grundrechte darf nur eine Ausnahme von der Regel sein; sie darf nur aufgrund verfassungskräftig verfestigter Rechtspositionen[253] erfolgen.
4. Bei der Abwägung muß ein für beide Normen schonendster Ausgleich gefunden werden, der in jedem Fall deren Grundwertgehalt zu achten hat.

Die Immanenzformel führt damit zu einer am Grundsatz der Verhältnismäßigkeit orientierten Güterabwägung.

bb) Kritik an der Schrankenformel des BVerfG

Nach Auffassung des BVerfG sind „kollidierende Grundrechte und andere mit Verfassungsrang ausgestattete Rechtswerte" in der Lage, schrankenlose Grundrechte einzuschränken. Die Kritik bezieht sich insbesondere auf die letztgenannte Formel, die „anderen mit Verfassungsrang ausgestatteten Rechtswerte". Hierunter fallen nach Auffassung des BVerfG die grundgesetzlichen Kompetenzvorschriften[254], beispielsweise die aus den Artikeln 12 a Abs. 1, 73 Nr. 1 und 87 a Abs. 1 Satz 1 GG resultierende Schranke der Funktionsfähigkeit der Bundeswehr. Darüber hinaus sieht das BVerfG als obersten Grundwert und damit als Schutzgut der Verfassung den Bestand der Bundesrepublik und der freiheitlich demokratischen Grundordnung[255], die Sicherheit des Staates und die von ihm zu gewährleistende Sicherheit seiner Bevölkerung[256], um nur einige besonders eindrückliche Beispiele zu nennen.

---

[253] Das BVerfG spricht daher nur verfassungsimmanenten Schranken die Qualität als immanente Grundrechtsschranken zu; vgl. auch v. Pollern, JUS 1977, 644 (648).

[254] So BVerfGE 28, 243.

[255] BVerfGE 33, 52 (71).

[256] BVerwG, NJW 1976, 490 (492); Erichsen, VVDSTRL 35, 193.

Gerade hinsichtlich der Kompetenzbestimmungen meinen die Kritiker, es sei fragwürdig, in diesen neben ihrem Organisationscharakter auch gewisse materiellrechtliche Elemente enthalten zu sehen, die sich auf die Rechtssphäre des Bürgers limitierend auswirken könnten[257]. Jedenfalls führe die Auffassung über ein solches Kompetenzverständnis letztlich dazu, auch die formal schrankenlosen Grundrechte über diesen Weg einem einfachen Gesetzesvorbehalt zu unterstellen. Daher wird von den Kritikern[258] eine Verfeinerung und Präzisierung der Anwendbarkeit der Kompetenzvorschriften als Grundwerte der Verfassung gefordert, um eine bessere Bestimmbarkeit und Voraussehbarkeit der Grundrechtsbeschränkungen zu erreichen.

Auch hinsichtlich der Güterabwägung und des dabei zu beachtenden Grundsatzes der Verhältnismäßigkeit befürchten die Gegner dieser Auffassung, daß die „Wirkungskraft der formal schrankenlosen Grundrechte durch die offenkundig flexible Schranke der Verhältnismäßigkeit systemwidrig relativiert und der Grundrechtsschutz dadurch an einer zentralen Stelle aufgeweicht wird“[259].

Letztlich wird in der Immanenztheorie des BVerfG ein systemwidriger Kompetenzzuwachs der Judikative gesehen[260]. Nach der Kompetenzverteilung des GG liegt die Rechtsgestaltung, deren Aufgabe die Auflösung von Grundrechtskonflikten ist, beim Parlament. Aufgabe des BVerfG ist die Prüfung, ob die Rechtsgestaltung eines konkreten Falles zu einem mit der Verfassung zu vereinbarenden Interessenausgleich geführt hat. Es ist also allein Aufgabe des Gesetzgebers, Normen zu schaffen und darin bereits die Grundrechtskollisionen aufzulösen. Daraus resultiert, daß die Schrankenbestimmung nicht ausschließlich Sache der Gerichte ist[261], sondern bereits im „Vorfeld“ der Gesetzgebung in diese miteinzubeziehen ist.

cc) Anwendung der Immanenzformel des BVerfG auf Art. 9 Abs. 3 Satz 3 GG

Trotz aller Kritik an der Immanenzformel des BVerfG ist ihre Berechtigung und Aussagekraft nicht von der Hand zu weisen, gerade

---

257 So Schnapp, JUS 1978, 734.

258 v. Pollern, JUS 1977, 644 (648) m. w. N.; Schnapp, JUS 1978, 734 meint dazu: „Wenn die Verfassung bestimmte Einrichtungen garantiert, so kommt darin zum Ausdruck, daß diese ebenso zum Bestand der verfassungsmäßigen Ordnung gehören wie die Grundrechte. Es entspricht dem Gebot der Harmonisierung, den Geltungsbereich der Grundrechte dann Einbußen erleiden zu lassen, wenn durch ihre Ausübung das Funktionieren jener Einrichtungen unmöglich gemacht wird.“

259 Diss. v. Nieuwland, S. 138.

260 Diss. v. Nieuwland, S. 144 ff.

261 So Rupp, DVBl. 1972, 67.

wenn man sie sich in ihrer Fragwürdigkeit anhand des Beispiels der Arbeitskampfschutzklausel des Art. 9 Abs. 3 Satz 3 GG vergegenwärtigt. Überträgt man die Fomel des BVerfG auf die vorliegende Untersuchung, so besagt sie, daß auch das Recht zum Arbeitskampf im Notstand wie jedes andere Freiheitsrecht im Rahmen der sozialen Gemeinschaft ausgeübt wird, woraus eine Gebundenheit der Rechtsausübung folgt. Diese Gebundenheit drückt sich in der Möglichkeit staatlicher Eingriffe aus, die unerläßlich sind, um das soziale Zusammenleben zu erhalten und zu fördern. Die staatlichen Maßnahmen zur Einschränkung der Arbeitskampfschutzklausel dürfen allerdings nur zur Sicherung oberster Grundwerte der Verfassung, nicht auch beliebiger unterverfassungsgesetzlicher Rechtswerte getroffen werden. Ausschließlich die von der Verfassung geschützten Güter bilden den Maßstab für die Einschränkung des Rechts auf Arbeitskampf im Notstand. Daß insbesondere die Staatssicherheit und die Sicherheit der Bürger als Schutzgüter angesehen werden müssen, die solche Einschränkungen rechtfertigen, bestätigt sich gerade am Beispiel der Arbeitskampfschutzklausel. Deren ungezügelte Ausübung würde im Falle des äußeren Notstandes zu katastrophalen Folgewirkungen für diese eminent wichtigen Werte, an deren Verfassungsrang nicht gezweifelt werden kann, führen, dann nämlich, wenn beispielsweise ein Arbeitskampf in einer Zuliefererbranche der waffenproduzierenden Industrie ohne Beschränkungsmöglichkeiten hingenommen werden müßte, mit der Folge der totalen Produktionsdarniederliegung. Die dadurch eintretende Verteidigungsohnmacht, die zwangsläufig die Vernichtung des gesamten Staatsgefüges mit all seinen Freiheitsgewährleistungen zur Folge hätte, wäre eine nicht abzuwendende Konsequenz eines falsch verstandenen und falsch praktizierten Rechtsausübungsanspruchs, der in das Gegenteil, die Rechtsvernichtung umschlagen würde. Zur Vermeidung dieser fatalen Auswirkung muß daher dem Staat im Interesse der Gemeinschaft aller eine Möglichkeit gegeben werden, in der Ausnahmesituation lenkend in das Geschehen eingreifen zu können. Der Staat muß zum Schutz der gesamten Nation in der Lage sein, von den Kampfparteien verlangen zu können, daß diese ihre durchaus lauteren mit dem Arbeitskampf verfolgten Ziele solange zurückstellen, bis die Situation deren Durchsetzung ohne die Gefahr der Schädigung der Allgemeinheit durch eine sonst drohende Vernichtung des Staatsganzen erlaubt. Daß dies freilich nicht zu einer völligen Rechtsbeseitigung führen darf, wird durch die Immanenzklausel des BVerfG gewährleistet. Sie fordert in der in ihr enthaltenen Güterabwägungsklausel, daß die Zurückdrängung einer Rechtsposition nur so weit geschieht, wie dies unbedingt zur Verwirklichung des überragenden Rechts erforderlich ist, wobei in jedem Fall der Kernbereich des zurückgedrängten Rechtes zu erhalten ist. Damit wird die gewährte

Eingriffsbefugnis insoweit relativiert, als daß sie niemals zu einer alles vernichtenden und der Gefahr des Mißbrauchs ausgesetzten Position erwachsen kann.

IV. Zusammenfassung

Aus der vorangegangenen Darstellung des 2. Teiles der Untersuchung haben sich verschiedenartige Einschränkungsmöglichkeiten für die unbeschränkbar erscheinende Arbeitskampfschutzklausel ergeben, und zwar teilweise aus Art. 9 selbst (vgl. die Einschränkung aus Art. 9 Abs. 3 Satz 3 GG in Abschnitt III. C. 1. und aus Art. 9 Abs. 2 GG in Abschnitt III. C. 2.), wie auch aus anderen allgemein anwendbaren verfassungsrechtlichen Gesichtspunkten (vgl. die Ausführungen zu den „allgemeinen Gesetzen“ analog Art. 5 Abs. 2 GG in Abschnitt III. D. 2. sowie zur „Immanenzklausel“ des BVerfG in Abschnitt III. D. 5. b)).

Nach der hier vertretenen Auffassung steht demnach fest, daß eine Einschränkung des Art. 9 Abs. 3 Satz 3 GG trotz seines „absoluten“ Wortlauts *dem Grunde nach* zulässig ist.

Mit der Frage, *in welchem Ausmaß* die Eingriffsbefugnis des Staates in im Notstand bestehende arbeitskampfrechtliche Auseinandersetzungen existiert, wird sich die Darstellung des nachfolgenden 3. Teils der Untersuchung befassen.

3. TEIL

Umfang der Beschränkungsmöglichkeiten des Art. 9 Abs. 3 Satz 3 GG

Nachdem als Ergebnis des zweiten Teils eine grundsätzliche Beschränkungsmöglichkeit der Arbeitskampfschutzklausel festgestellt wurde, bedarf es nunmehr einer Präzisierung insoweit, als zu untersuchen ist, *wie weit* die staatliche Eingriffsbefugnis reicht, bzw. welches die Schranken sind, die ihrerseits den Beschränkungsmöglichkeiten der staatlichen Gewalt entgegenstehen und Grenzen setzen. Es soll also der Frage nachgegangen werden, in welchem Ausmaß der Staat das Grundrecht auf Arbeitskampf im Notstand aufgrund verfassungsrechtlich anerkannter Grundsätze zulässigerweise beschneiden darf; anders ausgedrückt: was bleibt in jedem Fall aufgrund grundrechtlicher Verbürgung der Antastung durch den Staat verschlossen, welcher Grundrechtsinhalt ist den Beschränkungsmöglichkeiten entzogen?

I. Schutz durch Art. 19 Abs. 2 GG

Auch dann, wenn festgestellt ist, daß Eingriffe verfassungsrechtlich zulässig sind, bedeutet dies nicht, daß nach Belieben der grundrechtliche Geltungsgehalt verkürzt werden darf. Eine äußerste Schranke findet sich in Art. 19 Abs. 2 GG, wonach der Wesensgehalt der Grundrechte nicht angetastet werden darf. Dieses „Mindestmaß an unbedingter Freiheit“[1] entspricht der Eigenart des GG, die darin besteht, im letzten der Autonomie des Bürgers den absoluten Vorrang zuzuerkennen. Der Wesensgehalt ist äußerste, unübersteigbare Schranke jeder staatlichen Beschränkung der Freiheitsrechte. Durch das in Art. 19 Abs. 2 GG ausgesprochene Verbot der Antastung des Wesensgehalts setzt die Verfassung dem Gesetzgeber hinsichtlich der ihm erteilten Vollmachten zur Einschränkung von Grundrechten sogleich Schranken. Sie begrenzt damit generell die dem Gesetzgeber für die Grundrechtseinschränkungen erteilten Vollmachten[2].

---

[1] So Krüger, DÖV 1955, 597.
[2] Krüger, DÖV 1955, 597 (599).

Bevor der Inhalt der Wesensgehaltsgarantie näher bestimmt werden soll, ist zunächst zu untersuchen, ob Art. 19 Abs. 2 GG überhaupt auf vorbehaltlose Grundrechte wie Art. 9 Abs. 3 Satz 3 GG Anwendung finden kann.

A. Anwendbarkeit des Art. 19 Abs. 2 GG auf vorbehaltlose Grundrechte

Aus der systematischen Einordnung der Wesensgehaltsgarantie im Anschluß an Art. 19 Abs. 1 Satz 1 GG, der seinerseits Grundrechtseingriffe nur dann für zulässig erklärt, wenn das Grundrecht selbst diese Möglichkeit durch Gesetz oder aufgrund eines Gesetzes einräumt, könnte man geneigt sein anzunehmen, Art. 19 Abs. 2 GG sei nur auf mit Vorbehalt ausgestattete Grundrechte anwendbar. Diese Auffassung vertritt etwa *Doehring*[3], indem er ausdrücklich die dem Gesetzgeber hinsichtlich seiner Gestaltungsmöglichkeiten auferlegte Schranke des Art. 19 Abs. 2 GG nur auf die mit Gesetzesvorbehalt ausgestatteten Grundrechte für anwendbar erklärt. Daraus folgt im Umkehrschluß eine Verneinung der Anwendbarkeit auf vorbehaltlose Grundrechte. Auch *Hesse* spricht sich für die Anwendung des Art. 19 Abs. 2 GG ausschließlich auf Grundrechte mit Gesetzesvorbehalt aus[4]. Den Vertretern dieser Meinung ist entgegenzuhalten, daß ihre Argumentation hinsichtlich der systematischen Einordnung zu formal und die Konsequenzen ihrer Auffassung, gerade was die vorbehaltlosen Grundrechte angeht, nicht haltbar sind. Gegen das systematische Argument spricht die Formel „in keinem Fall", die nur dahingehend interpretiert werden kann, daß damit nachdrücklich gesagt werden sollte, daß kein Sachverhalt und keine Rechtslage vom Antastungsverbot ausgenommen werden sollte. Zudem wurde das Verbot in einem neuen Absatz des Art. 19 GG aufgenommen und auch die nachfolgenden Absätze III - V beinhalten Regelungen, die ihrerseits nicht mit Gesetzesvorbehalten in Berührung kommen[5]. Darüber hinaus wären aber auch die Auswirkungen auf die vorbehaltlosen Grundrechte unvertretbar, würde man sie nicht dem Schutz des Art. 19 Abs. 2 GG unterstellen. Wie bereits festgestellt, sind auch die vorbehaltlosen Grundrechte nicht schrankenlos, sondern unterliegen der Gemeinschaftsgebundenheit. Hieraus resultiert die Berechtigung des Staates, beschränkend in den Geltungsgehalt der Grundrechte einzugreifen. Würde man diese Eingriffsbefugnis ihrerseits nicht wiederum Schranken unterwerfen, so hätte dies zur Folge, daß für den Gesetzgeber die Möglichkeit eröffnet wäre, die vorbehaltlosen Grundrechte so weit einzuschränken, bis sie zu einer Leerformel ausgehöhlt

[3] Doehring, S. 173.

[4] Hesse, S. 140.

[5] So Maunz, in: Maunz / Dürig / Herzog, GG, Art. 19 Rdnr. 20.

wären. Dies stünde jedoch nicht im Einklang mit der Tatsache ihrer Vorbehaltlosigkeit, deren Ziel es ist, einen besonders starken Schutz der freiheitlichen Gewährleistung gegen staatliche Eingriffe zu ermöglichen. Eine sinnvolle Interpretation des Art. 19 Abs. 2 GG kann daher nur so lauten, daß sich die Wesensgehaltsgarantie nicht nur auf die ausdrücklichen Regelungsvorbehalte der Verfassung bezieht, sondern auch auf Grundrechte, die ohne förmlichen Gesetzesvorbehalt unter einem Verfassungsvorbehalt stehen, anzuwenden ist[6]. *v. Pollern*[7] sieht in Art. 19 Abs. 2 GG daher eine allgemeine „Schranken-Schranke", die Maßstab für die Zulässigkeit jeder Grundrechtsbeschränkung ist und eine substanzielle Entwertung der Grundrechte verhindern soll.

B. Inhaltliche Aussage der Wesensgehaltsgarantie

Mit der Aufnahme des Art. 19 Abs. 2 in das GG wurde das Ziel verfolgt, den „harten Kern" eines jeden Grundrechts, dessen Wesensgehalt, gegen Beeinträchtigungen abzuschirmen. Auslösendes Moment dieser Bestrebungen waren die Erfahrungen, die man während der Geltung der *Weimarer Verfassung*[8] aufgrund des damaligen Verständnisses des Wesensgehalts gemacht hatte. Zu dieser Zeit bestand grundsätzlich eine Priorität zugunsten der auf einen Gesetzesvorbehalt gestützten und durch ihn gedeckten einfachen Gesetze vor den Grundrechten. Durch die damit eingeräumte Befugnis konnte der einfache Gesetzgeber ein Grundrecht bis zu seiner Entleerung und Entwertung einschränken, was zu unerträglichen Ergebnissen geführt hat.

Hinsichtlich der inhaltlichen Aussage des Art. 19 Abs. 2 GG haben sich zwei Theorien herausgeblidet, die im folgenden kurz dargestellt werden sollen[9]:

---

[6] Diese Auffassung vertritt auch Maunz, in: Maunz / Dürig / Herzog, GG, Art. 19 Abs. 2 GG Rdnr. 24, 20, 1; v. Pollern, JUS 1977, 644 (645); wohl auch Krüger, DÖV 1955, 597 (599), wonach sich das Verbot des Art. 19 Abs. 2 GG an alle Vollmachten richtet, die die Verfassung dem Gesetzgeber im Hinblick auf die Einschränkung von Grundrechten erteilt hat.

[7] v. Pollern, JUS 1977, 644 (645).

[8] Die WRV sah in Art. 48 Abs. 2 die Möglichkeit vor, zur Wiederherstellung der öffentlichen Sicherheit und Ordnung vorübergehend bestimmte darin aufgezählte Grundrechte, u. a. die Versammlungsfreiheit, *ganz* oder *teilweise* außer Kraft zu setzen. Gedacht war hierbei an einen elementaren Staatsnotstand (Putsch oder Aufruhr), der nicht mit gewöhnlichen Polizeimitteln behoben werden kann. Aus Art. 48 Abs. 2 WRV wurde das präsidiale Notverordnungsrecht hergeleitet, das in der Praxis eine über den ursprünglichen Zweck hinausgehende Anwendung — besonders zur Behebung wirtschaftlicher Notstände — erfuhr.

[9] Vgl. dazu die ausführliche Darstellung bei Jäckel, S. 20 ff.

1. *Absolute Wesensgehaltstheorie*

Der absoluten Wesensgehaltstheorie zufolge bestimmt sich der Wesensgehalt nicht nach den Gegebenheiten des Einzelfalles, sondern er steht gegenüber allen Antastversuchen fest. Allerdings ist er für jedes Grundrecht gesondert zu untersuchen, da er für jedes Grundrecht in unterschiedlicher Weise besteht[10].

Das BVerfG als Vertreter dieser Theorie hat seit dem „Lüth-Urteil"[11] die Lehre vom in jedem Fall grundrechtseinschränkenden Gesetzesvorbehalt, wie sie zu Zeiten der Weimarer Verfassung bestand, aufgelockert. Zwischen Gesetzesvorbehalt und Grundrecht nimmt das Gericht eine Wechselwirkung an, und zwar in der Weise, daß zwar die aufgrund des Vorbehalts ergangenen Gesetze dem Grundrecht Schranken setzen, die Gesetze aber ihrerseits wiederum Einschränkungen unterliegen, die notwendig sind, um der Bedeutung des Grundrechts im freiheitlich demokratischen Staat gerecht zu werden. Nachdem die Anwendbarkeit des Art. 19 Abs. 2 GG auch hinsichtlich vorbehaltloser Grundrechte bejaht wurde, bedeutet dies, daß eine Wechselwirkung auch zwischen immanenten Schranken und Grundrechten anzunehmen ist, wodurch den immanenten Schranken selbst Grenzen gesetzt werden. Der Grundrechtsinhalt führt zur Begrenzung der gesetzgeberischen Gestaltungsfreiheit, wobei durch Abwägung zu entscheiden ist, ob im konkreten Fall das Grundrecht oder das durch den Vorbehalt gedeckte andere Rechtsgut Vorrang hat. Würde der Gebrauch des Grundrechts schutzwürdige Interessen höheren Ranges verletzen, muß das Grundrecht zurücktreten[12]. Hierbei kommt nach Auffassung des BVerfG insbesondere der Bestand der Bundesrepublik Deutschland und ihrer freiheitlich demokratischen Grundordnung als ein solches höherrangiges Rechtsgut in Betracht, wenn sie andernfalls unmittelbar und gegenwärtig in Gefahr gerieten[13].

Auch *Huber*[14] vertritt die absolute Theorie. Wesensgehalt bedeutet für ihn ein objektives institutionelles Phänomen. Die Zulässigkeit der Grundrechtsbeschränkung dürfe nicht vom Grad der Notwendigkeit oder Zumutbarkeit des freiheitsbeschränkenden Aktes abhängig gemacht werden, da sonst der Wesensgehalt zu einer variablen Größe würde, die sich bei höchster Notwendigkeit in nichts auflösen könne.

---

10 BVerfGE 22, 180: „Worin der unantastbare Wesensgehalt eines Grundrechts besteht, muß für jedes Grundrecht aus seiner besonderen Bedeutung im Gesamtsystem der Grundrechte ermittelt werden."

11 BVerfGE 7, 198.

12 BVerfGE 28, 191; 33, 53.

13 BVerfGE 33, 52 (71).

14 Huber, DÖV 1956, 135 (142).

Huber definiert den Wesensgehalt daher als substantielles Minimum, bei dessen Verletzung der verbleibende Rest nicht mehr in wesensmäßiger Identität mit dem vollen Recht steht. Eine verbotene Antastung des Rechts liege daher vor, wenn es als Institut oder bei nomineller Erhaltung in seinem die Wesensidentität konstituierenden Minimum durch das Gesetz so ausgehöhlt oder verändert wird, daß es nur noch dem Scheine nach besteht[15].

2. *Relative Wesensgehaltstheorie*

Demgegenüber richtet sich nach Meinung der Vertreter der relativen Theorie der Wesensgehalt danach, ob höher zu bewertende Rechtsgüter einen bestimmten Eingriff, gleich welchen Ausmaßes, in ein Grundrecht erfordern. Damit ist die nach dieser Auffassung verfassungsrechtlich zulässige Möglichkeit eröffnet, daß ein Eingriff zur völligen Aufhebung der Grundrechte in einer konkreten Situation für einzelne Personen führen kann[16]. Allerdings wird auch bei dieser Theorie das Übermaßverbot als beachtlich anerkannt.

3. *Stellungnahme*

Betrachtet man den Wortlaut des Art. 19 Abs. 2 GG, so dürfte die Intention des Verfassungsgebers bei der Formulierung der Norm allein darin bestanden haben, in ihrem Text die absolute Theorie auszudrücken. Insbesondere das BVerfG wird mit seiner Auffassung, die

---

15 Einen objektiven Kern der Grundrechte betont auch H. Krüger in DÖV 1955, 597 ff.; auch er zieht eine feste Grenze für jeden Grundrechtseingriff, unterhalb der ein Grundrecht nicht absinken darf. Auch nach dem Eingriff müsse im konkreten Fall der Zweck des Grundrechts noch erreicht werden können. Art. 19 Abs. 2 GG verbiete daher dem Gesetzgeber, in einer Weise in ein Grundrecht einzugreifen, die praktisch auf dessen Beseitigung hinauslaufen würde, vgl. DVBl. 1950, 625 (627); Art. 19 Abs. 2 GG lasse den Gebrauch eines Mindestmaßes von bürgerlicher Freiheit ohne die Möglichkeit einer selbst sachlich berechtigten Korrektur durch den Staat zu. v. Mangoldt / Klein, GG, Art. 19 Anm. V. 4 skizzieren den Wesensgehalt der Grundrechte als „unumstößlich festehenden, absoluten, substantiellen Wesenskern".

16 So etwa v. Hippel, S. 47; ebenso S. 50; er kommt zu folgender These: Jede Grundrechtsnorm gilt *zwar* nur, aber auch *immer*, wenn und soweit dem geschützten Freiheitsinteresse keine höherwertigen Interessen entgegenstehen. Ebenso BVerwGE 2, 295: Bei der Frage, ob der Wesensgehalt angetastet sei, komme es darauf an, was nach der Beschränkung vom Grundrecht übrigbleibe. Taste ein Gesetz entgegen Art. 19 Abs. 2 GG ein Grundrecht in seinem Wesensgehalt tatsächlich an, so sei dies zulässig, wenn die Einschränkung im übergeordneten Interesse der Gemeinschaft liege und deshalb nicht gegen das GG verstoßen könne („Gemeinschaftsklausel"); BVerwG, NJW 1975, 1135 (1143): der Wesensgehalt umfaßt nur denjenigen Gehalt des Grundrechts, der die notwendige Folgerung des gem. Art. 79 Abs. 3 GG unverbrüchlichen Gebots der Wahrung der Menschenwürde (Art. 1 Abs. 1 Satz 1 GG) für das betreffende Einzelgrundrecht darstellt.

zwar von der Absolutheit des Wesensgehalts ausgeht, dann aber eine Güterabwägung der gegenüberstehenden Rechtsgüter vornimmt, der Notwendigkeit gerecht, jede Starrheit des Wesensgehaltsbegriffs zu vermeiden, gleichwohl aber eine unumstößliche Grenze gegenüber den gesetzgeberischen Gestaltungsfreiheiten zu errichten. Durch die Güterabwägung wird es möglich, in jedem einzelnen Fall dessen Besonderheiten zu berücksichtigen — was sicher zur relativen Theorie tendiert —, ohne aber einen unantastbaren festen Bestand an Grundrechtssubstanz zu verletzen. Damit wird verhindert, daß eine Grundrechtsaufweichung stattfindet bis hin zur Beseitigung. Allein dies kann als Bestreben der Formulierung des Art. 19 Abs. 2 GG angesehen werden, weshalb die These insbesondere *v. Hippels* (vgl. FN 16) als contra legem anzusehen und daher abzulehnen ist. Es ist gerade der Sinn der Wesensgehaltsgarantie, von jedem Grundrecht dessen typisches und charakteristisches Wesen zu schützen und gegen jedweden staatlichen Eingriff zu schützen. Die absolute Theorie verhindert in ihrer Funktion als Schranke der Begrenzung von Grundrechten, daß diese im Leben in der Gemeinschaft keine Wirksamkeit mehr entfalten können, denn sie sichert in jedem Fall ein existentielles Mindestmaß an grundrechtlicher Freiheit wie auch den Schutz der spezifisch institutionellen Stützen und prägenden Substanzen der Grundrechte.

C. Der Wesensgehalt des Art. 9 Abs. 3 Satz 3 GG

Es stellt sich nunmehr die Frage, was nach der hier vertretenen Auffassung, die sich der des BVerfG anschließt, als Wesensgehalt der Arbeitskampfschutzklausel festzustellen ist.

Aus der Rechtsprechung des BVerfG[17] ergibt sich, daß Art. 9 Abs. 3 GG die Koalitionsfreiheit nur in ihrem Kernbereich schützt.

> „Das Grundrecht räumt den geschützten Personen und Vereinigungen nicht mit Verfassungsrang einen inhaltlichen unbegrenzten und unbegrenzbaren Handlungsspielraum ein[18]; es ist vielmehr Sache des Gesetzgebers, die Tragweite der Koalitionsfreiheit dadurch zu bestimmen, daß er die Befugnisse der Koalitionen im einzelnen gestaltet und näher regelt. Dabei kann er den besonderen Erfordernissen des jeweils zu regelnden Sachverhalts Rechnung tragen. Allerdings dürfen dem Betätigungsrecht der Koalitionen nur solche Schranken gezogen werden, die zum Schutz anderer Rechtsgüter von der Sache her geboten sind. Regelungen, die nicht in dieser Weise gerechtfertigt sind, tasten den durch Art. 9 Abs. 3 GG geschützten Kerngehalt der Koalitionsbetätigung an[19].“

---

[17] Vgl. BVerfGE 28, 295 (305); 50, 290 = NJW 1979, 699 (709); 38, 281 (305); 38, 386 (393).

[18] Vgl. BVerfGE 38, 386 (393).

[19] Vgl. BVerfGE 28, 295 (306).

Das bedeutet, daß eine totale Aufhebung des Rechts auf Arbeitskampf im Notstand die Beseitigung eines Teils der institutionellen Seite des Grundrechts zur Folge hätte, womit die Garantie des Art. 9 Abs. 3 Satz 3 GG und damit dessen Wesensgehalt verletzt wäre.

Eine solche Verletzung des Wesensgehalts läge auch dann vor, wenn man sich zur Gewährleistung eines ungestörten Produktionsablaufs in der Industrie beispielsweise der Dienstverpflichtungen i. S. d. Art. 12 a GG bediente. Indem Art. 9 Abs. 3 Satz 3 GG die Anwendung dieser Maßnahmen gegen Arbeitskämpfe zur Wahrung und Förderung der Arbeits- und Wirtschaftsbedingungen ausdrücklich ausschließt, hat er gleichzeitig diese Entscheidung zu einem Teil seines Charakteristischen gemacht. Er hat sich damit expressis verbis dagegen ausgesprochen, daß von Staats wegen das in Art. 9 Abs. 3 GG gewährleistete Freiheitsrecht durch den Ausspruch von Dienstverpflichtungen i. S. d. Art. 12 a GG beseitigt werden darf. Würde man trotzdem den Einsatz von Dienstverpflichtungen — wäre dies vom Ergebnis her aus Gründen staatssichernder Notwendigkeiten auch noch so wünschenswert — bejahen, würde damit das Wesentliche der Arbeitskampfschutzklausel zumindest teilweise negiert[20]. Die Anwendung dieser Maßnahme wäre allenfalls dann möglich, wenn man sich der relativen Wesensgehaltstheorie anschließt, was aber im vorangegangenen aus den dort angestellten Überlegungen heraus abgelehnt wurde.

Das BVerfG räumt jedoch in den oben zitierten Entscheidungen[21] selbst ein, daß Art. 9 Abs. 3 GG und damit auch Art. 9 Abs. 3 Satz 3 GG kein inhaltlich unbegrenztes und unbegrenzbares Recht verbürgt, was bedeutet, daß das Recht zum Arbeitskampf nicht absolut, unbeschränkbar der staatlichen Gestaltungsbefugnis entzogen ist. Daß solche Grenzziehungen gerade in Lagen äußerer Bedrohung unverzichtbar sind, wurde bereits mehrfach erwähnt. Die Auseinandersetzungen zwischen den Sozialpartnern in der Form des Arbeitskampfes ist nicht nur ein bloßes Internum zwischen diesen; die Wirkungen bleiben nicht auf die Koalitionen beschränkt. Das Ganze ist dadurch, daß auch die Allgemeinheit von den Auswirkungen auf das Wirtschaftsleben berührt wird, eine Frage der Staatsverantwortung und der demokratischen Staatsgestaltung[22].

[20] So auch die grundsätzlichen Überlegungen bei Lerche, Verfassungsrechtliche Zentralfragen, S. 55.

[21] Vgl. 3. Teil FN 17.

[22] Weber, S. 25; er sieht daher den eigentlichen Grund der Beschränkbarkeit der Tarifautonomie (hierzu zählt er auch die Erscheinungsformen des Arbeitskampfes) durch den Gesetzgeber im demokratischen Prinzip der Verfassung und in der grundgesetzlich aufgetragenen Verantwortung der demokratisch legitimierten Verfassungsorgane: der Verwirklichung des Sozialstaates und des sozialen Rechtsstaates, S. 27.

Diese Interdependenz hat auch der Große Senat des BAG in seiner Entscheidung vom 21. 4. 1974[23] betont. Darin heißt es:

„In unserer verflochtenen und wechselseitig abhängigen Gesellschaft berühren aber Streik und Aussperrung nicht nur die am Arbeitskampf unmittelbar Beteiligten, sondern auch Nichtstreikende und sonstigen Dritte sowie die Allgemeinheit nachhaltig. Arbeitskämpfe müssen daher unter dem obersten Gebot der Verhältnismäßigkeit stehen. Dabei sind die wirtschaftlichen Gegebenheiten zu berücksichtigen und das Gemeinwohl darf nicht unmittelbar verletzt werden."

Auch hinsichtlich der Durchführung von Arbeitskämpfen spricht sich das BAG für die Bindung an den Grundsatz der Verhältnismäßigkeit aus.

Darüber hinaus ist bei den Überlegungen, welche staatlichen Befugnisse in dieser Situation von der Verfassung gedeckt sind, stets im Auge zu behalten, daß Notstandsmaßnahmen allein die Aufgabe haben, so schnell als möglich den normalen Verfassungszustand und die Voraussetzungen seiner Geltung wiederherzustellen[24]. Zur Erreichung dieses Zieles müssen die hierzu notwendigen Mittel eingesetzt werden, die jedoch ausschließlich diesem Ziel dienen dürfen. Diese Mittel suspendieren die Verfassung in Teilen, damit ihre uneingeschränkte Geltung wiederhergestellt werden kann[25]. Die Interessen werden im Notstand zahlreicher und dringender sein als in der Normallage. Daher ist es unabweisbar, dem Staat in der Krisensituation weitergreifende Eingriffe zuzusprechen als in der Normallage[26]. Daraus folgt zwangsläufig eine Schrumpfung des Wesensgehalts, denn andernfalls wäre Konsequenz eines unbedingten Aufrechterhaltens der in der Normallage bestehenden Grundrechtsgarantien der Wegfall und die Vernichtung des Staates als deren Garanten[27]. Im Notstandsfall müssen dem Gesetzgeber daher im Interesse aller Einschränkungsbefugnisse an Hand gegeben werden, die näher an den Kern der Arbeitskampffreiheit heranreichen können als im Normalzustand[28].

Diese Auffassung vertritt auch das BVerfG[29]. Es stellt das Wohl der Allgemeinheit als Grund und Grenze für die Freiheitsrechte einzelner Grundrechtsträger in den Vordergrund. Der Maßstab für die Einschränkungen, die sachgerecht und vom Umfang her geboten sein müssen, sei jedoch nicht starr und festgeschrieben und damit zu jeder

---

[23] BAG AP Nr. 43 zu Art. 9 GG; ebenso LAG Stuttgart, AuR 1974, 316 (319).

[24] Hesse, JZ 1960, 105 (106).

[25] Hesse, JZ 1960, 105 (106).

[26] So Bleckmann, S. 303.

[27] Doehring, S. 177/178.

[28] Scholz, in: Maunz / Dürig / Herzog, GG, Art. 9 Rdnr. 388.

[29] BVerfGE 52, 1 (29 f.); die Entscheidung selbst behandelt die Grenzen des Art. 14 GG.

Zeit gleich, sondern unterliege den jeweils gegebenen (wirtschaftlichen und gesellschaftlichen) Veränderungen. Aus dem Satz „Regelungen, die in Kriegs- und Notzeiten gerechtfertigt sind, können unter geänderten wirtschaftlichen und gesellschaftlichen Verhältnissen eine andere verfassungsrechtliche Beurteilung erfahren ...“ ist umgekehrt abzulesen, daß auch das BVerfG im Notstand weitergehende Eingriffe für zulässig erachtet als in der Normallage und damit eine Schrumpfung des Wesensgehalts unter Staatsnotwendigkeiten bejaht. Dabei weist es jedoch sogleich darauf hin, daß auf jeden Fall für die Erhaltung der Substanz (Qualität) der Freiheit Sorge zu tragen ist, auch wenn nach der Auffassung des Gerichts die Quantität der garantierten Freiheit in der gegebenen Situation geschmälert werden kann. Die vorübergehende Einschränkung („sachliche Determinierung“) von Grundfreiheiten ist damit zur Rettung ihrer „normalen“ Geltung geboten, die dies nicht nur erlauben, sondern vielmehr fordern, wenn sich die Maßnahme als letzte Möglichkeit darstellt, um die von der Verfassung erstrebte Normalität herbeizuführen.

Aufgrund dieser Überlegungen muß es als erlaubt angesehen werden, die Arbeitskampfschutzklausel vorübergehend insoweit einzugrenzen, daß man die Kampfmittel der Benutzung seitens der Grundrechtsinhaber für die Dauer der Ausnahmesituation entzieht[30]. Dies bedeutet einerseits, daß die kämpfenden Parteien nach wie vor ihren die Arbeits- und Wirtschaftsbedingungen verbessernden Zielen nachgehen können, indem sie mit dem sozialen Gegenspieler in Kontakt treten, mit diesem über ihre Forderungen verhandeln und versuchen, einen für beide Seiten ertäglichen Kompromiß zu finden. Damit bliebe der antagonistische Grundcharakter des Gesamtverhältnisses gewahrt. Zum anderen würde mit Hilfe des vorübergehenden Verzichts auf Streik und Aussperrung gerade im Verteidigungsfall durch die dadurch erreichte innenpolitische und wirtschaftliche Stabilität die Widerstandskraft des Staates nach außen gefestigt oder zumindest nicht noch mehr geschwächt werden. Im übrigen kann die Allgemeinheit vom Staat die Erhaltung des gesamten Staatswesens nur dann fordern, wenn sie (bzw. ein Teil von ihr) ihrerseits bereit ist, zur Herstellung bzw. Erhaltung größtmöglicher Stabilität beizutragen. Durch die zeitlich auf die Dauer des Notstandes begrenzte vorgeschlagene Maßnahme würde der Kernbereich des Art. 9 Abs. 3 Satz 3 GG nicht berührt, denn nach Beendigung des Notstandes würde die Betätigungs- und Kampffreiheit der Koalitionen uneingeschränkt wiederhergestellt. Die Maßnahme setzt

[30] Wie hier Doehring, S. 177/178; Häberle, Wesensgehalt, S. 55 FN 308; Hall, JZ 1968, 159; wohl auch BAG AP Nr. 43 zu Art. 9 S. 6, worin das Gericht sich für die Anwendung des Verhältnismäßigkeitsgrundsatzes auch auf den Zeitpunkt der Anwendung der Mittel des Arbeitskampfes ausspricht.

die Betätigungsfreiheit also nicht dauernd außer Kraft, sondern nur für eine begrenzte Zeit, in der sie ohnehin suspendiert wäre, damit nach Beendigung des Notstandes die Koalitionsfreiheit wieder zur vollen Entfaltung kommen kann. Diese Einschränkung darf selbstverständlich nur dann erfolgen, wenn andere Mittel nicht ausreichen, um in das normale Verfassungsleben zurückzufinden. Sie muß darüber hinaus zeitlich so angelegt sein, daß sie unverzüglich aufzuheben ist, sobald die Lage ihrer nicht mehr bedarf. Der Sinn des Art. 9 GG, die Einbeziehung extrakonstitutioneller Meinungs- und Gruppenbildung in das Verfassungsleben, ist auch trotz dieser Einschränkung noch erfüllt. Auch sein Zweck kann erreicht werden, nachdem die Möglichkeit der Auseinandersetzung mit dem sozialen Gegenspieler weiterhin besteht, lediglich das scharfe Druckmittel des Arbeitskampfes vorübergehend der Verfügung entzogen ist.

Die Richtigkeit dieses Ergebnisses bestätigt sich, wenn man die „Gegenprobe" dieser Überlegung anstellt: Es wäre widersinnig, würde man den Wesensgehalt des Art. 9 Abs. 3 Satz 3 GG dahingehend auffassen, daß in jeder auch noch so bedrohlichen Lage den sozialen Gegenspielern die ihnen in der Normallage zustehenden Kampfmittel zur Verfügung stehen. Wäre dies so, würde die Arbeitskampfschutzklausel zugleich das Recht und die Möglichkeit beinhalten, gerade im Zustand äußerer Gefahr durch die Verfolgung von Zielen seitens der arbeitskämpfenden Minderheit den gesamten Staat in die Gefahr der Verteidigungsohnmacht und damit seiner Vernichtung zu bringen. Daß diese Konsequenz nicht mit dem Bestreben des Verfassungsgebers in Einklang steht, der als vordringlichste Aufgabe die Schaffung von Verfassungsnormen im Auge hatte, die der Staatserhaltung und daraus resultierend der Freiheitsgewährleistungen für das Individuum dienen, bedarf keiner weiteren Erörterung. Die Gefahr der Zerstörung des gesamten Staatsgefüges wäre fatales Ergebnis falsch verstandener Beanspruchung eines Grundrechts, das von der Allgemeinheit nicht hingenommen werden muß und nicht hingenommen werden kann.

Der Wesensgehalt des Art. 9 Abs. 3 Satz 3 GG verbietet es damit nicht, im Interesse der Allgemeinheit an der Erhaltung des Staates und der Freiheitsrechte von der Minderheit der am Arbeitskampf beteiligten Partei ein zeitliches Verschieben des Einsatzes von Kampfmitteln zu verlangen. Mit dieser Maßnahme wird eine unterbrechungslose Arbeitsfortführung gewährleistet, die, um am Beispiel der Waffenindustrie zu bleiben, bedeutet, daß die durch den militärischen Angriff hervorgerufene staatsbedrohliche Lage nicht noch mehr verschärft wird, sondern zumindest der Nachschub des erforderlichen Verteidigungsmaterials gesichert ist. Es kann kein Zweifel daran bestehen, daß in einer solchen

Situation das Rechtsgut der Staatssicherheit und Staatserhaltung im Interesse aller unbedingten Vorrang vor dem Recht zum Einsatz von Kampfmitteln einer Minderzahl hat. Die nach Auffassung des BVerfG vorzunehmende Güterabwägung hat daher unzweifelhaft zugunsten der Staatssicherheit auszufallen. Den genannten Gütern ist im Notstand höheres Gewicht beizumessen als dem Recht zum Arbeitskampf. Streng befristete Maßnahmen, die die Kampfmittel Streik und Aussperrung (wie auch die anderen zulässigen Kampfmittel) während der Dauer des Notstandes versagen, können daher vom einfachen Gesetzgeber ohne Verletzung des Kerngehalts des Art. 9 Abs. 3 Satz 3 GG nach der hier vertretenen Auffassung angeordnet werden. Hierdurch setzt der Gesetzgeber kein gegen die Arbeitskampfschutzklausel gerichtetes Recht, sondern wird der Tatsache gerecht, daß Freiheit und Recht und damit auch das durch den grundrechtsbegrenzenden Gesetzgeber normierte Recht zusammengehören. Die gesetzgeberischen Maßnahmen dienen allein dem Zweck, den Bestand der staatlichen Gemeinschaft zu sichern, weil in diesem Fall das elementare Erhaltungsinteresse — durch die Fülle von Notstandsbefugnissen von der Verfassung als vorrangig anerkannt — die Interessen des einzelnen oder einer Minderzahl zurückdrängt.

II. Beachtung des Übermaßverbotes

Das im vorangegangenen Abschnitt erzielte Ergebnis — die Bejahung eines zeitlich auf die Dauer des Notstandes begrenzten gesetzlichen Ausschlusses der Kampfmittel — ist abschließend noch daraufhin zu untersuchen, ob es mit dem Übermaßverbot in Einklang steht. Hierbei muß die Darstellung auf die wesentlichen Punkte der damit zusammenhängenden Problematik beschränkt werden, da sie sonst den Rahmen der Arbeit sprengen würde[31].

Das Übermaßverbot[32], nicht ausdrücklich im GG erwähnt, jedoch verfassungskräftig anerkannt, zieht sämtlichen Grundrechtseinschrän-

[31] Eine ausführliche Abhandlung findet sich bei Hirschberg, Der Grundsatz der Verhältnismäßigkeit. Kritisch zum Übermaßverbot Schlink, Abwägung im Verfassungsrecht, 1976, und Schwabe, Probleme der Grundrechtsdogmatik, 1977.

[32] Dieser Terminus wurde hier bewußt gewählt, da er dem Wortlaut des Art. 19 Abs. 2 GG am ehesten entspricht, aus dem nach der hier vertretenen Auffassung das Übermaßverbot abzuleiten ist. Vertreter dieser Meinung sind u. a. Doehring, S. 191; BGH in BGHST 4, 375 (376 f.); 4, 385 (392); Wendt, AöR 104, 415. Andere sehen das Übermaßverbot im Rechtsstaatsprinzip verankert; so beispielsweise BVerfGE 22, 180 (219/220); 35, 382; 49, 24 (58). Nach Auffassung des BVerfG ergibt sich das Übermaßverbot als „übergreifende Leitregel" allen staatlichen Handelns „zwingend aus dem Rechtsstaatsprinzip", für den Bereich der Freiheitsrechte selbst, die als Ausdruck des allge-

kungen neben der Wesensgehaltsgarantie des Art. 19 Abs. 2 GG eine weitere Grenze. Ist es verletzt, so liegt eine unzulässige Grundrechtsbeeinträchtigung vor.

A. Allgemeines zum Übermaßverbot und seiner Zielsetzung

Das Übermaßverbot gehört zu den grundlegenden Leitlinien staatlichen Handelns. Es dient als Mittel der Rechtsfindung und der Beschränkung staatlicher und privater Rechte. Es entstammt ursprünglich dem Polizei- und Verwaltungsrecht; seine verfassungsrechtliche Bedeutung als Maßstab der Verfassungsmäßigkeit staatlichen Handelns ist heute allgemein anerkannt[33]. Das Übermaßverbot überlagert die gesamte grundrechtseinschränkende Tätigkeit des Staates. Es gilt daher in gleicher Weise für Legislative, Exekutive und Judikative, also für die die Grundrechte einschränkenden Gesetze, den eingreifenden — belastenden — Verwaltungsakt, wie auch für den Richterspruch[34].

Der Sinn des Übermaßverbotes ist es, den einzelnen wie auch die Allgemeinheit vor unnötigen Eingriffen der öffentlichen Gewalt zu bewahren. Es dient der Aktualisierung und Effektuierung des grundrechtlichen Freiheitsschutzes[35] und beruht auf der Forderung nach Gerechtigkeit, auf dem Bestreben, widerstreitende Interessen angemessen auszugleichen. Maßnahmen, die im Allgemeininteresse getroffen werden und sich innerhalb der Verfassungsordnung halten, sind daraufhin zu untersuchen, ob die dem Bürger oder einer Personenmehrheit auferlegten Einschränkungen im Hinblick auf den Zweck der Maßnahme noch angemessen sind. Zwingende Voraussetzung ist daher eine sorgfältige vorherige Konkretisierung und Graduierung der Interessen und Güter, die einander gegenübergestellt werden. Deren spezifischer grundrechtlicher Schutz ist sorgfältig herauszuarbeiten.

meinen Freiheitsanspruchs des Bürgers gegenüber dem Staat von der öffentlichen Gewalt jeweils nur so weit beschränkt werden dürfen, als es zum Schutz öffentlicher Interessen unerläßlich ist, vgl. BVerfGE 19, 342 (348 f.); i. ü. Grabitz, AöR 98, 568 (584) m. w. N. Letztlich wird das Übermaßverbot auch in Art. 19 Abs. 2 i. V. m. Art. 1 GG verankert angesehen — so etwa Dürig, AöR 81, 117 — oder in der „dirigierenden Verfassung" — so Lerche, Übermaß, S. 61 ff. Synonym für das Übermaßverbot ist der „Grundsatz der Verhältnismäßigkeit" als zusammenfassende Bezeichnung für die Teilgrundsätze der Geeignetheit, Erforderlichkeit und Verhältnismäßigkeit, der von Hirschberg, S. 19 ff., bevorzugt wird, der aber aufgrund der doppelten Verwendung des Begriffs wie auch aufgrund des Wortlautes des Art. 19 Abs. 2 GG hier nicht angewandt wird.

33 Häberle, S. 67; Gentz, NJW 1968, 1600 (1605); Hirschberg, S. 36; Wendt, AöR 104, 415 m. w. N.

34 Hirschberg, S. 35/36; Häberle, S. 67; Gentz, NJW 1968, 1600 (1605); BVerwGE 26, 131; BGHST 19, 245 (256); BVerfGE 16, 194 (201/202).

35 Wendt, AöR 104, 415 (417); BVerfGE 49, 24 (58).

Bezogen auf Art. 9 Abs. 3 Satz 3 GG führt dies zu der Frage, ob nach der hier vorgeschlagenen Lösung das Recht der Tarifpartner zum Arbeitskampf im Interesse der Allgemeinheit an der Erhaltung des Staates in einer dem Übermaßverbot entsprechenden Weise im Notstand zurückzutreten hat. Oder: ist die Maßnahme des vorübergehenden Kampfmittelausschlusses unangemessen, ist der Eingriff in das Grundrecht unnötig? Bei der Beantwortung dieser Frage ist zu untersuchen, ob die Maßnahme zur Erreichung des angestrebten Zweckes geeignet und erforderlich ist, und ob der mit ihr verbundene Eingriff in Verhältnis zu dem angestrebten Zweck steht[36]. Negativ ausgedrückt steht das Übermaßverbot all jenen Eingriffen entgegen, bei denen das Ziel auf eine andere, den einzelnen weniger belastende Weise ebensogut erreicht werden kann oder bei denen die Beeinträchtigung des einzelnen in seiner Rechtssphäre durch das eingesetzte Mittel außer Verhältnis zum erstrebten Erfolg steht. Das Übermaßverbot will damit eine Relation zwischen Mittel und Zweck herstellen und durch die Gegenüberstellung des Eingriffsgrundes oder -zweckes und der Eingriffswirkungen eine Übermaßkontrolle ermöglichen[37].

B. Steht der Lösungsvorschlag des zeitlich begrenzten Ausschlusses von Streik und Aussperrung im Notstand mit den Teilgrundsätzen des Übermaßverbotes in Einklang?

1. Verfassungslegitimer Zweck

Erste Voraussetzung bei der Prüfung der Zweck-Mittel-Relation ist, daß der Grundrechtseingriff einen bestimmten Zweck hat, denn fehlt der Zweck schlechthin, kann das Mittel nicht gerechtfertigt werden. Das hierin zum Ausdruck kommende „Schikaneverbot" folgt nach Auffassung des BVerfG[38] aus dem Grundsatz „in dubio pro libertate" — der allgemeinen Freiheitsvermutung[39]. Die Einschränkung von Grundrechten durch den Staat darf nur zur Erreichung solcher Zwecke geschehen, die von der Verfassung her erlaubt sind — „legitime Zwecke" —[40]. Der gesamte Grundrechteeingriff muß verfassungslegitim sein, d. h. nicht nur der von der Verfassung verbotene Zweck begründet die Unzulässigkeit des Eingriffs, sondern auch das verbotene Mittel, das zur Erreichung eines rechtmäßigen Zweckes eingesetzt wurde.

---

[36] Hirschberg, S. 2.

[37] Gentz, NJW 1968, 1600 (1601).

[38] Vgl. etwa BVerfGE 6, 32 (42).

[39] Zu diesem Grundsatz und dem damit zusammenhängenden Spannungsverhältnis vgl. Doehring, S. 26 ff.

[40] Schlink, S. 194; Gentz, NJW 1968, 1600 (1602).

Der Zweck des hier vorgeschlagenen Mittels, des zeitlich begrenzten Ausschlusses der Kampfmittel, besteht allein darin, einen ununterbrochenen Produktionsablauf zu sichern, aus dem eine dem Umfang der Normallage entsprechende Verteidigungspotenz resultiert. Es geht damit ausschließlich um die Sicherung des Bestandes des Staates, weshalb an der Verfassungslegitimität des Zweckes kein Zweifel bestehen kann. Aus den Überlegungen des zweiten Teils der Untersuchung resultiert daneben auch die Legitimität des Mittels. Eine Illegitimität läge nur dann vor, wenn das Mittel von der Verfassung ausdrücklich oder stillschweigend verboten ist. Im zweiten Teil wurde aber gerade eine grundsätzliche gesetzliche Beschränkungsberechtigung befürwortet.

2. *Geeignetheit*

Die Zulässigkeit einer Grundrechtsbeschränkung setzt weiter voraus, daß sie geeignet ist, das mit ihr erstrebte Ziel zu erreichen. Erforderlich ist somit das Vorliegen der Kausalität zwischen Mittel und Zweck bzw. Wirkung. Es wird eine Prognose erstellt, der die Frage zugrundeliegt, ob mit Hilfe der Maßnahme der gewünschte Erfolg gefördert werden kann[41]. Hierbei ist die Situation des Handelnden zu berücksichtigen, denn für ihn ist oft nur schwer zu ermitteln, ob ein Mittel den beabsichtigten Zweck ganz oder teilweise erreichen wird[42]. Darüber hinaus sind die Besonderheiten des jeweiligen sozialen Bereiches bzw. des jeweils betroffenen Ausschnitts der sozialen, wirtschaftlichen und politischen Wirklichkeit miteinzubeziehen[43].

Diese Vorgehensweise gilt insbesondere bei der Überprüfung gesetzgeberischer Maßnahmen. Das BVerfG stellt daher die Frage, „ob der Gesetzgeber *aus seiner Sicht* — ex ante — davon ausgehen durfte, daß mit der ergriffenen Maßnahme seine Vorstellungen verwirklicht werden könnten“[44]. Stellt sich die Maßnahme bei Ausschöpfung aller Erkenntnismöglichkeiten im Zeitpunkt des Erlasses des Gesetzes eindeutig als zweckuntauglich heraus, so ist sie nicht „sachgerecht und unvertretbar“[45]. Unzweifelhaft verfassungswidrig ist demnach nur eine Maßnahme, die auch unter „Berücksichtigung dieses Beurteilungsspielraums des Gesetzgebers von vornherein ungeeignet ist, den gesetzgeberischen Zweck zu erreichen“[46].

---

[41] So BVerfGE 17, 306 (313); 30, 292 (316); 33, 171 (187); 39, 210 (230); 40, 196 (222).

[42] Hirschberg, S. 52.

[43] Wendt, AöR 104, 415 (421).

[44] BVerfGE 39, 210 (230); 30, 250 (263); 38, 61 (88).

[45] BVerfGE 39, 210 (230); auf die „Sachgerechtigkeit“ hebt das BVerfG auch in E 52, 1 (30) ab.

Übertragen auf die vorgeschlagene Regelung zu Art. 9 Abs. 3 Satz 3 GG bedeutet dies: ist die vorübergehende Suspendierung des Rechts zur Ergreifung von Kampfmitteln im Notstand aus der jetzigen Sicht heraus geeignet, eine Produktionseinstellung etwa im Bereich der Versorgungs- oder Waffenindustrie zu verhindern? Mit anderen Worten: Kann durch diese Maßnahme ein ungestörter Produktionsablauf in einer staatsbedrohlichen Lage abgewendet werden? An der Beantwortung dieser Frage kann kein Zweifel bestehen, sie kann nur die Bejahung der Geeignetheit solcher Maßnahmen beinhalten.

3. Erforderlichkeit

Als weiterer Teilgrundsatz des Übermaßverbotes verlangt der Grundsatz der Erforderlichkeit des Mittels, daß „ein anderes, gleich wirksames, aber das Grundrecht weniger fühlbar einschränkendes Mittel nicht gewählt werden kann“, d. h., daß „das Ziel nicht auf eine andere, den einzelnen weniger belastende Weise ebensogut erreicht werden kann“[47]. Der Gesetzgeber ist nur dann zu Eingriffen berechtigt und auch nur insoweit, als dies zum Schutz des öffentlichen Interesses, des Gemeinwohls nötig und unerläßlich ist. Er darf jeden verfassungslegitimen Zweck verfolgen.

Die Prüfung der Erforderlichkeit erstreckt sich auf die Beurteilung und den Vergleich der Schwere von Grundrechtseingriffen in qualitativer und quantitativer Hinsicht. Die Erforderlichkeit ist zu verneinen, wenn derselbe oder ein besserer Erfolg auch mit einem weniger schweren Eingriff erzielt werden könnte. Insoweit deckt sich der Grundsatz also mit dem des mildesten Mittels[48].

Erster Schritt dieser Untersuchung ist die Auswahl der geeigneten Mittel. Alle in Betracht kommenden Mittel sind auf ihre Eignung zur Verwirklichung des gesetzten Zweckes hin zu überprüfen. Ergeben sich dabei mehrere gleich geeignete Mittel, so ist in einem zweiten Schritt von diesen das mildeteste Mittel zu bestimmen. Im Rahmen einer hypothetischen Eignungsprüfung ist festzustellen, welches der in Betracht kommenden Mittel bei gleicher Wirksamkeit den Betroffenen am wenigsten beeinträchtigt[49]. Bei diesem Vergleich der Schwere von Grundrechtseingriffen sind die erfolgsirrelevanten Nebenwirkun-

---

46 So das Verbot der Mitfahrzentralen im Hinblick auf die Zwecke „Sicherheit des Straßenverkehrs“ und „erhöhter Schutz des einzelnen Mitfahrers“, vgl. BVerfGE 17, 307 (315 ff.).

47 So etwa BVerfGE 30, 292 (316); 33, 171 (187); 30, 382 (401); 38, 281 (302); 49, 24 (58).

48 Gentz, NJW 1968, 1600 (1604).

49 Hirschberg, S. 59.

gen mitzuberücksichtigen. Ergibt die Betrachtung, daß die Nachteile der getroffenen Maßnahme größer sind als die einer anderen, so ist deren Erforderlichkeit zu verneinen[50]. Es kommt allein darauf an, daß das mildere Mittel tatsächlich zumindest denselben oder sogar einen besseren Erfolg herbeiführt, zumindest also die gleiche Eignung aufweist. Die Bestimmung des mildesten Mittels bedeutet damit einen Vergleich zwischen den Beschränkungen, die die verschiedenen in Betracht kommenden Mittel für die Betroffenen bedeuten. Die „Minimierung des Eingriffs" basiert demnach auf einer Skala, die die verschiedenen, je nach dem Grad der Belastung gleich geeigneten Maßnahmen aufzeigt[51].

Bezogen auf Art. 9 Abs. 3 Satz 3 GG ist daher zunächst die Überlegung dahingehend anzustellen, ob es neben der Möglichkeit der vorübergehenden Aussetzung der Kampfmittel im Notstand noch ein anderes gleich geeignetes Mittel gibt, durch das ein ungestörter, fortwährender Produktionsablauf gesichert werden kann. Dabei ist folgendes zu beachten: alle anderen Mittel außer dem soeben genannten hätten zur Folge, daß damit zunächst einmal den Sozialpartnern ein Recht zur Ergreifung der Kampfmittel im Notstand eingeräumt würde. Da dies jedoch, wie mehrfach erwähnt, zu für das Staatsgefüge unhaltbaren Gefahren führen würde, könnten diese nur dadurch beseitigt werden, daß man das Recht zum Arbeitskampf dadurch einschränkt, daß man dem Gesetzgeber die Möglichkeit zur Dienstverpflichtung i. S. d. Art. 12 a GG einräumt. Dies wäre die einzige Alternative zu dem Mittel der vorübergehenden Aussetzung der Kampfmittel im Notstand, denn nur dadurch wäre eine lückenlose Fortführung der Arbeit seitens der Kampfparteien zu erreichen. Dieses Mittel würde zwar zu einem rechtmäßigen Zweck eingesetzt, es wäre jedoch selbst rechtswidrig aufgrund des diesbezüglichen Verbotes der Anwendung solcher Maßnahmen in der Arbeitskampfschutzklausel i. V. m. Art. 19 Abs. 2 GG. Nach dem im 3. Teil unter II. Dargestellten resultiert hieraus die Verfassungsillegitimität des Grundrechtseingriffs. Der Ausspruch von Dienstverpflichtungen i. S. d. Art. 12 a GG würde damit zwar vom Erfolg her die gleiche Eignung aufweisen, wäre jedoch verfassungsrechtlich unzulässig und scheidet daher als einzige Alternative zur vorübergehenden Aussetzung der Kampfmittel im Notstand aus. Damit ergibt sich auch nicht die Möglichkeit, unter gleich geeigneten Mitteln das die Betroffenen am wenigsten belastende auszuwählen. Mangels eines Vergleichspaares kann ein Vergleich nicht durchgeführt werden. Die Erforderlichkeit der vorgeschlagenen Maßnahme ist daher zu bejahen.

---

50 Gentz, NJW 1968, 1600 (1604); BVerfGE 13, 231 (241).

51 Hirschberg, S. 65.

4. *Verhältnismäßigkeit*

Es bleibt schließlich noch die Klärung der Frage, ob die vorgeschlagene Problemlösung auch dem Grundsatz der Verhältnismäßigkeit entspricht. Von den in Literatur und Rechtsprechung vielfältig entwickelten Umschreibungen sei hier nur die des BVerfG[52] genannt, nach der

> „das Maß der den einzelnen durch seine Pflichtzugehörigkeit treffenden Belastung noch in einem vernünftigen Verhältnis zu den ihm und der Allgemeinheit erwachsenden Vorteilen stehen muß".

Zweck und Mittel dürfen also nicht offensichtlich außer Verhältnis zueinander stehen. Nur evident unangemessene, grob unverhältnismäßige Maßnahmen sind übermäßig (Frage nach Disproportion und Inadäquanz). Die Feststellung dessen hat nach allgemeiner Meinung im Rahmen einer Abwägung zwischen Mittel und Zweck zu erfolgen. Ergibt sich hierbei ein Überwiegen der mit dem Einsatz des Mittels verbundenen Nachteile, so hat die Maßnahme zu unterbleiben[53]. Es ist zu fragen, ob die dem Bürger oder einer Mehrheit von Bürgern auferlegten Opfer und Einschränkungen im Hinblick auf den Zweck der Maßnahme noch angemessen sind[54]. Da Zweck einer Grundrechtseinschränkung nur die Förderung des Gemeinwohls sein darf, wie dies auch in nahezu allen Entscheidungen des BVerfG zum Ausdruck kommt[55], muß der Nutzen des Eingriffs für den Staat dem Schaden für den durch die Maßnahme belastenden Bürger gegenübergestellt werden.

Erster Orientierungspunkt bei der Abwägung ist die Intensität des Eingriffs. Je spürbarer eine Regelung in die Rechtsstellung des einzelnen eingreift, desto stärker müssen die Interessen des Gemeinwohls sein, denen diese Regelung dienen soll. Weiter sind das Gewicht und die Dringlichkeit der Gemeinwohlinteressen zu berücksichtigen. Je größer diese Faktoren sind, um so stärkere Eingriffe sind dadurch gerechtfertigt. Letztlich ist in die Betrachtung miteinzubeziehen, daß die in den Grundrechten geschützten Interessen unterschiedliches Gewicht haben. Aus diesem Grunde ist auch ein differenzierter Einfluß auf das Verhältnis zwischen Mittel und Zweck gegeben. Das BVerfG hat sich daher dafür ausgesprochen, daß „je mehr der Eingriff elementare

---

52 BVerfGE 38, 281 (302); 35, 382 (401); 30, 292 (316 f.).

53 So Lerche, Übermaß, S. 22; Grabitz, AöR 98, 568 (575); Hirschberg, S. 132 ff.

54 So auch im „Lebach-Urteil", vgl. BVerfGE 35, 202 - 245 (insbesondere S. 232: „... rechtes Verhältnis zwischen den für den Täter entstehenden Nachteilen und der Schwere der Tat oder ihrer sonstigen Bedeutung für die Öffentlichkeit".).

55 Schon in BVerfGE 4, 7 (19); 7, 377 LS 6 (405 ff.); ebenso BVerfGE 35, 382 (401).

Äußerungsformen der menschlichen Handlungsfreiheit berührt, um so sorgfältiger die zu seiner Rechtfertigung vorgebrachten Gründe gegen den grundsätzlichen Freiheitsanspruch des Bürgers abzuwägen sind“[56].

Aus dem Vorangegangenen läßt sich damit auch eine Abgrenzung der Verhältnismäßigkeit zur Erforderlichkeit vornehmen. Während erstere sich als abwägende Bewertung einander widerstreitender Interessen darstellt, steht hinter dem Grundsatz der Erforderlichkeit nur eine Bewertung der verschiedenen in Betracht kommenden Mittel für den oder die Betroffenen hinsichtlich ihrer Belastung. Gemeinsame Ausgangsbasis beider Grundsätze ist die Frage der Geeignetheit der in Betracht kommenden Mittel. Der Grundsatz der Erforderlichkeit ist ein Vergleich verschiedener Mittel — „Mittel-Mittel-Relation“ —, der Grundsatz der Verhältnismäßigkeit ist eine „Bewertung der Zweck-Mittel-Relation“. Nur der Grundsatz der Verhältnismäßigkeit kann dazu zwingen, auf die Verfolgung des Zweckes dann zu verzichten, wenn selbst das mildeste Mittel noch ein zu hohes Opfer verlangt, denn nur er fordert eine Gegenüberstellung zwischen Zweck und Mittel[57].

Überträgt man diese Gesichtspunkte auf die zur Arbeitskampfschutzklausel vorgetragene Lösung, ist darüber hinaus noch folgender Aspekt in die Betrachtung miteinzubeziehen: bei einer Abwägung von Maßnahmen, die den inneren oder äußeren Notstand betreffen, kann nicht außer acht gelassen werden, daß diese ausschließlich den Zweck verfolgen, den Bestand der staatlichen Gemeinschaft zu sichern. Dies führt zwangsläufig zu einer im Vergleich zur Normallage bestehenden Verschiebung der Gewichte mit dem Ergebnis der Vorrangigkeit der Interessen der Allgemeinheit. Ist im Zustand der äußeren oder inneren Gefahr die Existenz des Staates gefährdet, so muß im Interesse der Sicherheit der Bürger und der Sicherung deren Freiheitsrechte dem Staat die Möglichkeit eingeräumt werden, diese Rechte für die Dauer der Ausnahmesituation zu beschränken. Nur dadurch kann der Staat seiner Aufgabe gerecht werden, eine umfassende Geltung der Freiheitsrechte seiner Bürger baldmöglichst wiederherzustellen. Auch das BVerfG[58] geht davon aus, daß in Kriegs- und Notzeiten weitergreifende Regelungen möglich sind als in der Normallage, da die jeweiligen Maßstäbe zu jeder Zeit und in jedem Zusammenhang anders seien, was in der verfassungsrechtlichen Beurteilung nicht außer acht gelassen werden könne. Die Folgewirkungen eines vom Gesetzgeber ausgesprochenen vorübergehenden Ausschlusses von Kampfmitteln sind

---

[56] BVerfGE 17, 306 (313 f.); 20, 150 (159); 33, 171 (187) hinsichtlich der Berufsfreiheit.

[57] Hirschberg, S. 147/148.

[58] BVerfGE 52, 1 (30).

zur Erreichung des Zweckes, der Wiederherstellung des Normalzustandes, nicht unangemessen oder unerträglich im Hinblick auf das Opfer, das den Kampfparteien dadurch auferlegt wird. Zwar ist zuzugeben, daß der gesetzliche Ausschluß von Kampfmitteln einen intensiven Eingriff für die Grundrechtsträger bedeutet. In der Ausnahmelage des Notstandes ist der Verhaltensspielraum aber so reduziert, daß der Staat nur durch intensive Eingriffe die Normallage wiederherstellen kann[59], die im übrigen durch das Interesse der Allgemeinheit gerechtfertigt sind. Erließe der einfache Gesetzgeber ein Gesetz, wonach im Falle des äußeren oder inneren Notstandes für dessen Dauer — zeitlich streng befristet — die Ergreifung von Kampfmitteln zur Wahrung und Förderung der Arbeits- und Wirtschaftsbedingungen untersagt wäre, so verstieße dies nicht gegen das Übermaßverbot und wäre somit nicht nichtig, denn es wäre zur Wiederherstellung der Normallage geeignet und erforderlich und der Zweck stünde zum Mittel nicht in einem offensichtlichen, für die davon betroffenen Tarifpartner unzumutbaren Mißverhältnis. Durch die Dringlichkeit der zu wahrenden Gemeinwohlinteressen wäre die Intensität des gesetzgeberischen Eingriffs gerechtfertigt.

---

[59] So auch Evers, AöR 91, 193 (207/208); Schlink, S. 194/195.

Zusammenfassung

Die Untersuchung hat gezeigt, daß die zunächst unbegrenzbar erscheinende Arbeitskampfschutzklausel weitreichenden Beschränkungsmöglichkeiten unterliegt, will man sie im Interesse des einzelnen und der Allgemeinheit sinnvoll und der Intention des Verfassungsgebers entsprechend auslegen.

Eine erste Begrenzung des Freiheitsrechtes erfolgte von der Tatbestandsseite her (vgl. 1. Teil). Hierbei wurde geklärt, welche Konstellationen unter die Tatbestandsmerkmale des Art. 9 Abs. 3 Satz 3 GG fallen. Dabei hat sich ergeben, daß vor allem der „politische" Arbeitskampf aus dem Schutzbereich des Art. 9 Abs. 3 Satz 3 GG auszuscheiden ist, da er gegen den Staat gerichtet ist und nicht, wie für den arbeitsrechtlichen Arbeitskampf erforderlich, gegen den sozialen Gegenspieler.

Im 2. Teil der Arbeit wurde der verbliebene Schutzumfang daraufhin untersucht, ob er absolut — unangreifbar — Bestand hat, oder ob auch er weiteren verfassungsrechtlich anerkannten Eingrenzungen unterworfen ist. Hierbei ergaben sich Begrenzungen aus Art. 9 GG selbst (vgl. die Ausführungen zur Einschränkung aus Art. 9 Abs. 3 Satz 3 GG und aus Art. 9 Abs. 2 GG), sowie aus allgemein anwendbaren verfassungsrechtlichen Gesichtspunkten („allgemeine Gesetze" des Art. 5 Abs. 2 GG analog, „Immanenzklausel" des BVerfG). Damit war festgestellt, daß es grundsätzlich möglich ist, auch die „absolute" Arbeitskampfschutzklausel weiteren verfassungsmäßigen Begrenzungen zu unterziehen.

Der Umfang dieser Begrenzungsmöglichkeiten wurde im 3. Teil präzisiert. Hierbei spielte Art. 19 Abs. 2 GG die zentrale Rolle. Der absoluten Wesensgehaltstheorie folgend ergab sich auch für den Notstand ein unumstößlicher Restbereich der Arbeitskampfschutzklausel, der nach hier vertretener Auffassung dem Gesetzgeber aber die Möglichkeit an die Hand gibt, für die Dauer der Ausnahmesituation den Arbeitskampfparteien die Benutzung der Kampfmittel — Streik, Aussperrung und andere zulässige Kampfformen — zu entziehen, d. h. sie zeitweise zu suspendieren. Dieses Ergebnis, das auch der Überprüfung am Übermaßverbot standhielt, bedeutet, daß der Staat die Möglichkeit hat, im Interesse der Allgemeinheit im Staatsnotstand von der den Arbeitskampf betreibenden Partei die ununterbrochene Fortführung ihrer Tätigkeit zu verlangen. Damit wird ihm ein Mittel zur Verfügung gestellt, mit dem er einerseits einem falsch verstandenen Grundrechtsausübungsanspruch entgegentreten und den Bestand des Staates sichern kann, ohne aber das von der Arbeitskampfschutzklausel gewährte Freiheitsrecht *vollständig* zu beseitigen. Zwar werden die Kampfmittel vorübergehend ihrer Benutzung entzogen, den Kampfparteien wird aber nicht untersagt, bewahrende oder verbessernde Arbeits- und Wirtschaftsbedingungen vom sozialen Gegenspieler zu fordern und mit diesem darüber zu verhandeln. Damit wird der antagonistische Grundcharakter, der in Art. 9 Abs. 3 Satz 3 GG zum Ausdruck kommt, nicht beseitigt, vielmehr sind nur die starken Druckmittel wie Streik, Aussperrung u. a. während der Dauer der Krisensituation suspendiert, nicht jedoch die grundsätzliche Möglichkeit jeder anderen zulässigen Form der Auseinandersetzung zwischen den Tarifpartnern. Andererseits liegt darin auch die Gefahr, daß in weniger bedrohlichen Situationen ebenfalls auf das starke Mittel der Suspendierung der Kampfmittel zurückgegriffen werden könnte, um schnellstmöglich die Konfliktlage zu beenden. Um dieser vom Lösungsvorschlag nicht beabsichtigten „Mißbrauchsgefahr" zu begegnen, ist es daher unerläßlich, die Voraussetzungen für den Einsatz der Suspendierung so exakt wie möglich in sachlicher und zeitlicher Hinsicht zu fixieren, um eine Ausuferung der Anwendung zu vermeiden. Es kann nicht darüber hinweggesehen werden, daß die vorgeschlagene Lösung einen gravierenden Einschnitt in das Recht zum Arbeitskampf im Notstand bedeutet. Daher kann nur eine *ernsthafte, staatsbedrohliche Notlage* die Schwere und Tragweite der Eingriffsmaßnahme rechtfertigen. Nach der hier vertretenen Auffassung gewährt die Verfassung somit die Möglichkeit, durch einfaches Gesetz die Kampfmittel des Art. 9 Abs. 3 Satz 3 GG während der Dauer der Krisensituation, also nur vorübergehend, zu suspendieren.

Schrifttum

Bachof, Otto: Die Rechtsprechung des BVerwG, JZ 1957, 334

v. Barby, Hanno: Notstandsverfassung und Arbeitskampfrecht, AuR 1968, 267

Bauer, Fritz: Streikrecht im Notstandsfall, DB 1968, 1535

Benda, Ernst: Die Notstandsverfassung, 3. Auflage, München 1966

— Notstandsverfassung und Arbeitskampf, München 1963

Berg, Wilfried: Konkurrenzen schrankendivergenter Freiheitsrechte im Grundrechtsabschnitt des GG, Berlin/Frankfurt a. M. 1968 (zit.: Konkurrenzen)

Bethge, Herbert: Zur Problematik von Grundrechtskollisionen, München 1977

Bettermann, Karl-August: Grenzen der Grundrechte (Staatsrechtliche Abhandlungen, SB 10), Berlin 1968

Blaesing, Heiner: Grundrechtskollisionen, Diss. jur., Bochum 1974

Bleckmann, Albert: Allgemeine Grundrechtslehren, Köln/Berlin/Bonn/München 1979

Böckenförde, Ernst-Wolfgang: Grundrechtstheorie und Grundrechtsinterpretation, NJW 1974, 1529

Brox, Hans / *Rüthers*, Bernd: Arbeitskampfrecht, 2. Auflage, Stuttgart 1982

Denninger, Erhard: Polizei in der freiheitlichen Demokratie, Frankfurt a. M./ Berlin 1968

— Polizei und demokratische Politik, JZ 1970, 145

Dietz, Rolf: Grundfragen des Streikrechts, JUS 1968, 2

Doehring, Karl: Staatsrecht der Bundesrepublik Deutschland, 2. Auflage, Frankfurt a. M. 1979

Drews, Bill / *Wacke*, Gerhard / *Vogel*, Klaus / *Martens*, Wolfgang: Gefahrenabwehr, Allgemeines Polizeirecht (Ordnungsrecht) des Bundes und der Länder, Bd. 2, 8. Auflage, Köln/Berlin/Bonn/München 1977

Dürig, Günter: Art. 2 des GG und die Generalermächtigung zu allgemeinpolizeilichen Maßnahmen, AöR 79 (1953/54), 557

— Kommentierung zu Art. 2, in: Th. Maunz / G. Dürig / R. Herzog / R. Scholz, Kommentar zum GG, Bd. 1, 4. Auflage, München 1976 (zit.: Dürig, in: Maunz / Dürig / Herzog, GG)

Erbel, Günter: Der Streit um die öffentliche Ordnung als polizeirechtliches Schutzgut, DVBl. 1972, 475

— Inhalt und Auswirkungen der verfassungsrechtlichen Kunstfreiheitsgarantie, Berlin 1966 (zit.: Kunstfreiheitsgarantie)

Evers, Hans-Ulrich: Die perfekte Notstandsverfassung, AöR 91 (1966), 193

Friauf, Karl-Heinrich: Schranken der Grundrechte, JR 1970, 215

Gallwas, Hans-Ulrich: Der Mißbrauch von Grundrechten, Diss. jur., Berlin 1967

Gentz, Manfred: Zur Verhältnismäßigkeit von Grundrechtseingriffen, NJW 1968, 1600

Glückert, Jürgen: Die Arbeitskampfschutzklausel des Art. 9 Abs. 3 Satz 3 GG, Diss. jur., Berlin 1973

Götz, Volkmar: Allgemeines Polizei- und Ordnungsrecht, 3. Auflage, Göttingen 1975

Grabitz, Eberhard: Der Grundsatz der Verhältnismäßigkeit in der Rechtsprechung des BVerfG, AöR 98 (1973), 568

Graf, Hans-Lothar: Die Grenzen der Freiheitsrechte ohne besondere Vorbehaltsschranke, Diss. jur., München 1970

Häberle, Peter: Die Wesensgehaltsgarantie des Art. 19 Abs. 2 GG. Zugleich ein Beitrag zum institutionellen Verständnis der Grundrechte und zur Lehre vom Gesetzesvorbehalt, 2. Auflage, Karlsruhe 1972
(zit.: Wesensgehaltsgarantie)

Hall, Karl-Heinrich: Notstandsverfassung und Grundrechtseinschränkungen, JZ 1968, 159

Hanau, Peter / *Adomeit,* Klaus: Arbeitsrecht, 4. Auflage, Frankfurt a. M. 1976

Herzog, Roman: Kommentierung zu Art. 5, in: Th. Maunz / G. Dürig / R. Herzog / R. Scholz, Kommentar zum GG, Bd. 1, 4. Auflage, München 1976
(zit.: Herzog, in: Maunz / Dürig / Herzog, GG)

Hesse, Konrad: Grundzüge des Verfassungsrechts der Bundesrepublik Deutschland, 12. Auflage, Heidelberg/Karlsruhe 1980

— Grundfragen einer verfassungsmäßigen Normierung des Ausnahmezustandes, JZ 1960, 105

v. Hippel, Eike: Grenzen und Wesensgehalt der Grundrechte, Diss. jur., Berlin 1965

Hirschberg, Lothar: Der Grundsatz der Verhältnismäßigkeit als allgemeiner Rechtsgrundsatz, Habilitationsschrift, Göttingen 1981

Huber, Ernst-Rudolf: Der Streit um das Wirtschaftsverfassungsrecht, DÖV 1956, 135

Hueck, Alfred: Die Bedeutung des Notstandsrechts für das Arbeitskampfrecht, RdA 1968, 430

Hueck, Alfred / *Nipperdey,* Hans-Karl: Lehrbuch des Arbeitsrechts, Bd. II / 1. HB, 7. Auflage, Berlin 1967; Bd. II / 2. HB, 7. Auflage, Berlin 1970

Hueck, Alfred / *Nipperdey,* Hans-Karl / *Dietz,* Rolf: Nachschlagewerk des Bundesarbeitsgerichts. Arbeitsrechtliche Praxis, München/Berlin
(zit.: BAG AP)

Jäckel, Hartmut: Grundrechtsgeltung und Grundrechtssicherung. Eine rechtsdogmatische Studie zu Art. 19 Abs. 2 GG, Berlin 1967

Jauernig, Othmar / *Schlechtriem*, Peter / *Stürner*, Rolf / *Teichmann*, Arndt / *Vollkommer*, Max: Bürgerliches Gesetzbuch, 2. Auflage, München 1981 (zit.: Jauernig, BGB)

Kaiser, Joseph: Der politische Streik, 2. Auflage, Berlin 1959

Krüger, Herbert: Die Einschränkung von Grundrechten nach dem GG, DVBl. 1950, 625

— Der Wesensgehalt der Grundrechte im Sinne des Art. 19 Abs. 2 GG, DÖV 1955, 597

Krüger, Herbert / *Seifert*, Jürgen: Die Einschränkung der Grundrechte, Hannover 1976

Lerche, Peter: Verfassungsrechtliche Zentralfragen des Arbeitskampfes, Berlin/Zürich 1968 (zit.: Verfassungsrechtliche Zentralfragen)

— Übermaß und Verfassungsrecht. Zur Bindung des Gesetzgebers an die Grundsätze der Verhältnismäßigkeit und Erforderlichkeit, Köln/Berlin/München/Bonn 1961 (zit.: Übermaß)

Lohse, Volker-Heinrich: Streik und Staatsnotstand, Berlin 1969

v. Mangoldt, Hermann / *Klein*, Friedrich: Das Bonner Grundgesetz, Bd. 1, 2. Auflage, Berlin/Frankfurt a. M. 1957

Maunz, Theodor / *Zippelius*, Reinhold: Deutsches Staatsrecht. Ein Studienbuch, 8. Auflage, München 1982

Maunz, Theodor: Kommentierung zu Art. 19, in: Th. Maunz / G. Dürig / R. Herzog / R. Scholz, Kommentar zum GG, Bd. 1, 4. Auflage, München 1976 (zit.: Maunz, in: Maunz / Dürig / Herzog, GG)

Müller, Friedrich: Die Einheit der Verfassung. Elemente einer Verfassungstheorie, Berlin 1979 (zit.: Einheit der Verfassung)

— Die Positivität der Grundrechte. Fragen einer praktischen Grundrechtsdogmatik, Berlin 1979 (zit.: Positivität der Grundrechte)

v. Münch, Ingo (Hrsg.): Grundgesetz-Kommentar, 2. Auflage, Frankfurt a. M. 1981 (zit.: v. Münch, GG-Kommentar)

— Verfassungsrechtliche Grundlagen des Arbeitskampfrechts, JURA 1979, 25

Nickisch, Artur: Arbeitsrecht, 2. Bd., 2. Auflage, Tübingen 1959

v. Nieuwland, Herwig: Darstellung und Kritik der Theorien der immanenten Grundrechtsschranken, Diss. jur., Göttingen 1981

Nipperdey, Hans-Karl: Rechtsprobleme der Aussperrung und des Streikes, DB 1963, 1613

— Die Grundrechte, Bd. IV/2, Berlin 1962

Ossenbühl, Fritz: Probleme und Wege der Verfassungsauslegung, DÖV 1965 649

v. Pollern, Hans-Ingo: Immanente Grundrechtsschranken — eine Bestandsaufnahme, JUS 1977, 644

Ramm, Thilo: Notstand und Arbeitsrecht, AuR 1967, 33

Reif, Eduard Josef: Der Begriff der Verwirkung der Grundrechte in Art. 18 des GG unter besonderer Berücksichtigung der Lehre vom Mißbrauch der Grundrechte, Diss. jur., Bochum 1970
(zit.: Der Begriff der Verwirkung)

Ridder, Helmut / *Stein*, Ekkehart: Die Freiheit der Wissenschaft und der Schutz von Staatsgeheimnissen, DÖV 1962, 361

Rüthers, Bernd: Arbeitskampf und Notstandsverfassung, DB 1968, 1948

— Streik und Verfassung, Diss. jur., Münster 1960

Rupp, Hans-Heinrich: Zum „Mephisto-Beschluß" des BVerfG — ein methodologischer Nachtrag, DVBl. 1972, 66 f.

Säcker, Franz-Jürgen: Grundprobleme der kollektiven Koalitionsfreiheit, Düsseldorf 1969

Schlink, Bernhard: Abwägung im Verfassungsrecht, Berlin 1976

Schmid, Hans-Dieter: Arbeitskampf und Notstand aus der Sicht des Art. 9 Abs. 3 Satz 3 GG, Diss. jur., Berlin 1972

Schmidt-Bleibtreu, Bruno / *Klein*, Franz: Kommentar zum Grundgesetz für die Bundesrepublik Deutschland, 4. Auflage, Darmstadt 1977
(zit.: Schmidt-Bleibtreu / Klein, GG)

Schmitt Glaeser, Walter: Mißbrauch und Verwirkung von Grundrechten im politischen Meinungskampf, Bad Homburg 1968

Schnapp, Friedrich: Grenzen der Grundrechte, JUS 1978, 729

— Urteilsanmerkung, NJW 1976, 493

Schneider, Harald: Die Güterabwägung des BVerfG bei Grundrechtskonflikten. Empirische Studie zu Methode und Kriitik eines Konfliktlösungsmodells, Baden-Baden 1979
(zit.: Die Güterabwägung des BVerfG)

Scholtissek, Herbert: Innere Grenzen der Freiheitsrechte (zum Verbot der Volksbefragung), NJW 1952, 561

Scholz, Rupert: Die Koalitionsfreiheit als Verfassungsproblem, München 1971
(zit.: Koalitionsfreiheit)

— Kommentierung zu Art. 9, in: Th. Maunz / G. Dürig / R. Herzog / R. Scholz, Kommentar zum GG, Bd. 1, 4. Auflage, München 1976 ff.
(zit.: Scholz, in: Maunz / Dürig / Herzog)

Schulz-Schaeffer, Helmut: Der Freiheitssatz des Art. 2 Abs. 1 GG. Libertätsrecht und Vermutung für den Kernbereich der Freiheitsrechte, Berlin 1971
(zit.: Der Freiheitssatz des Art. 2 Abs. 1 GG)

Schwabe, Jürgen: Probleme der Grundrechtsdogmatik, Darmstadt 1977
(zit.: Grundrechtsdogmatik)

Seifert, Jürgen: Gefahr im Verzug, 3. Auflage, Frankfurt a. M./München 1976

Siebert, Ferdinand: Von Frankfurt nach Bonn — Die Verfassungen 1849 bis 1949, Frankfurt a. M./Berlin/Bonn 1966

Söllner, Alfred: Arbeitsrecht, 5. Auflage, Stuttgart 1976

Thiele, Willi: Der sog. politische Streik, DVBl. 1977, 556

Weber, Werner: Koalitionsfreiheit und Tarifautonomie als Verfassungsproblem, Berlin 1965

Wendt, Rudolf: Der Garantiegehalt der Grundrechte und das Übermaßverbot, AöR 104 (1979), 415

Wiedemann, Herbert: Die deutschen Gewerkschaften — Mitgliederverband oder Berufsorgan? RdA 1969, 321

Wohlgemuth, Hans H.: Staatseingriff und Arbeitskampf — zur Kritik der herrschenden Arbeitskampfdoktrin, Frankfurt a. M. 1977
(zit.: Staatseingriff und Arbeitskampf)

Wolff, Hans-Julius / *Bachof*, Otto: Verwaltungsrecht. Ein Studienbuch. Bd. I, 8. Auflage, München 1971; Bd. II, 4. Auflage, München 1978

Wülfing, Thomas: Grundrechtliche Gesetzesvorbehalte und Grundrechtsschranken, Diss. jur., Münster 1980

Zeitler, Franz-Christoph: Immanente Grundrechtsschranken oder Normenkonkordanz?, BayVBl. 1971, 417

FSC
www.fsc.org
MIX
Papier | Fördert gute Waldnutzung
FSC® C083411

Kolibri 360 GmbH
Ferdinand-Jühlke-Straße 7
99095 Erfurt, Deutschland
produktsicherheit@kolibri360.de

Druck:
CPI Druckdienstleistungen GmbH
im Auftrag der
Kolibri 360 GmbH
Ferdinand-Jühlke-Str. 7
99095 Erfurt

BIN TRAVERLER FORM

Cut By: Yerly 14 Qty 26 Date 11.18.26

Scanned By: ______ Qty ______ Date ______

Scanned Batch ID's

______ ______ ______

Notes / Exceptions

______